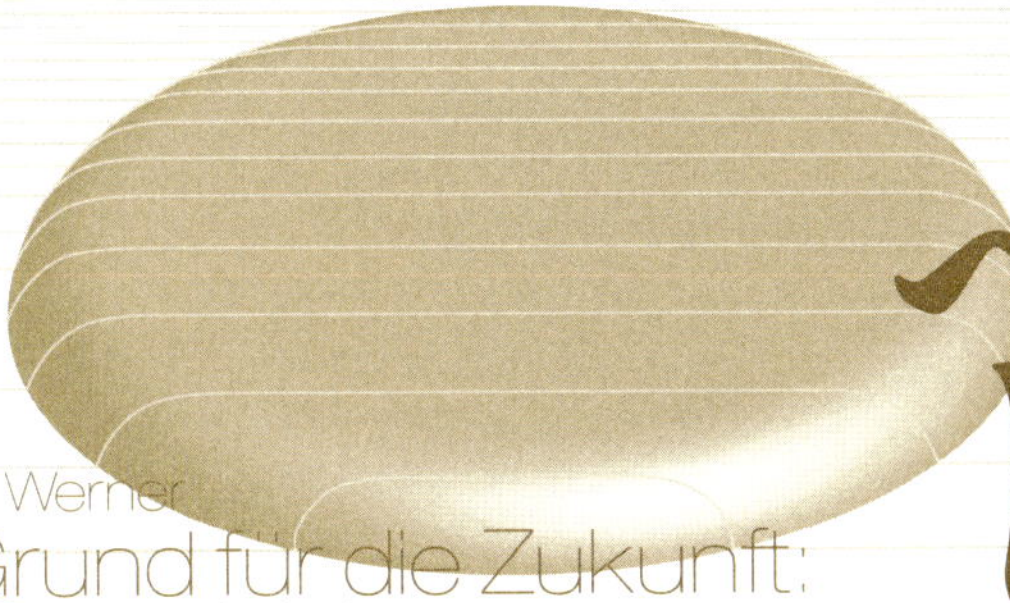

ベーシック・インカム

Götz W. Werner
Ein Grund für die Zukunft:
das Grundeinkommen

基本所得のある社会へ

ゲッツ・W・ヴェルナー──◉著
渡辺一男──◉訳
小沢修司──◉解題

現代書館

ベーシック・インカム＊目次

装幀　渡辺将史

凡例

一、本書はGötz W. Werner: *Ein Grund für die Zukunft: das Grundeinkommen*, Stuttgart 2006の全訳である。
一、原注は（　）で示した。
一、訳者による注記は〔　〕で示した。
一、読者の便宜を図るため、適時、解説も併記した。

序　言——私たちは転換点に立っているのだろうか？

数千年にわたって、人間の大小の共同体の基本的な生活の糧は、奴隷の労働によって賄われていた。その後徐々に、奴隷ではない自由人への労働の委託に対しては、対価が支払われるようになっていった。その結果、人びとは労働対価によって自身と家族を多少なりとも養えるようになったのである。そして、組織的な分業と生産の産業化にともなって、生産性は予測しえなかったほどに上昇した。人間の手による労働は、その後も創意に富む人びとによってますます大規模に節約されつつある。もはや以前のように人間によって処理されねばならない仕事は多くはない。すでにだいぶ前から、経済学者や社会学者のなかでも先見の明のある人たちは、就労希望者全員に稼得労働を提供するという意味での完全雇用はもはや保証しえないことに注目している。しかしこの事実は、政党間にあっては、少なくとも公的には認知されておらず、またこの事実が社会生活の形成にいかなる結果をもたらすかについての認識も欠けている。

私たちは、労働能力を有する者すべてを完全に雇用するというのは近代工業国家における過去の現象であるという認識に立って、労働と所得の関係がいかに新たに秩序づけられうるかを考慮しなければならないであろう。

二〇〇四年一二月に、「デーエム・ドゥロゲリー・マルクト」〔全欧規模で展開されているドラッグストアのチェーン・ストア〕の創業者ゲッツ・ヴェルナーは生活マガジン『ア・テンポ』においてすべての人に対する無条件のベーシック・インカム〔ドイツ語ではGrundeinkommenで、「基本所得」とも訳せるが、以下ではベーシック・インカムと訳す。本書で出てくる「市民所得《ビュルガーゲルト》」も「基本所得」と同意である〕の導入に賛意を公表した。二〇〇五年四月には、先進的な企業家の経済マガジン『ブラント・アインス』に、ベーシック・インカム構想に関するゲッツ・ヴェルナーの詳細なインタビューが掲載されると、その後数ヵ月間に他の主導的な雑誌や新聞においても種々のインタビューがあらわれた。雑誌『シュテルン』におけるインタビューもその一つである。

全員に無条件のベーシック・インカムを導入することによって、ドイツは世界でパイオニアの地位を占めることになるかもしれない。

私たちが社会的・歴史的な転換点に立っているというにはまだ早すぎる。しかし、ますます多くの人びとがベーシック・インカム構想を支持するならば、私たちは転換点にいくらか近づくことになる。

二〇〇六年七月、シュトゥットガルトにて、

ジャン＝クロード・リン（出版者）

第一章　ゲッツ・W・ヴェルナーの提言、およびインタビュー

未来への基礎：ベーシック・インカム

（二〇〇五年一一月に全国紙に掲載されたヴェルナーの広報文）

私たちの社会は、一人でも多くの市民を社会的セーフティーネットから排除しなければならないほど貧しいのだろうか？　生産性はつねに上昇しているにもかかわらず、私たちはもはやそれに気づかなくなっているのだ。高い税金と社会保険料が課される稼得労働システムによって、企業にとって労働は高価になりすぎている。そのために、企業は合理化に努め、職場を国外に移す。失業した者は失業保険などによって一定の収入を得るが、その財源となるのは、税金と社会保険料（雇用者と被雇用者による分担）である。そうなるとみんなが損をするのである――各人が手にする所得と社会的給付はますます少なくなる。

しかし無条件のベーシック・インカムでは、現在の社会保障システムがすべて統合されるから、このような現実を変えることが可能になる。そうなれば、誰もが、生存の心配から解放されて自由な市民として活動し、同時に自分自身にとって有意義と思われる仕事をすることができる。互酬としての労働が、社会的保障のもとで、尊厳をもって自身の選択によって実現されうる。そうなれば、オートメーションは祝福すべきものとなる。なぜなら、従来人間の手によってなされてきた労働がコンピュータ制御の自動機械に取って代わられても、それは新たな失業を意味しないからである。

ベーシック・インカムはむしろ自由な空間をつくりだす。すなわち、多くの非営利経済部門の、文化的な課題が財政的に可能になる。多くの新たな社会参画のかたちが生まれるであろう。多くの人間が彼らの仕事のなかにふたたび意義を見出すだろう。というのも、無条件のベーシック・インカムが導入されても、さらに仕事をすることによって別途の収入を得ることは誰にも禁止されないからだ——なくなるのは、労働への強制だけである〔現行のドイツの制度「ハルツ4」では、失業手当の受給者はなんらかの仕事に就くことが半ば強制される。この制度については後で論じられる〕。

市民全員に支払われる無条件のベーシック・インカムによって、透明な税制が可能になる。その基礎となるのは、私たちの税制を一歩一歩消費税の方向に編成替えすることであるる。その利点は、消費の少ない者の税金は少なく、消費が多ければ多いほど多額の税金を支払うことにある。市民はもはや所得申告をする必要はまったくない。課税されるのは、消費に対してだけである。課税は競争中立的になり、資本はドイツ国内に流れ込むから、経済立地としてのドイツの地位は強化され、国内雇用は確保される。

現在ドイツの七二〇〇億ユーロを超える社会保障関係費の一部は、その配分機構を廃止することによって節約できる。だがもっとも重要なのは、それによって全市民のための実行能力を持つ公共体が成立することであって、そこにはもはや「負け組」は存在しない。それに代わって、労働をもはや重荷ではなくチャンスと考える、自由で、自己決定可能な人間が存在することになろう。

無条件のベーシック・インカムはドイツを変えるだろう。私たちといっしょにベーシック・インカムについて考えてみませんか？

www.unternimm-die-zukunft.de

発起人：ゲッツ・W・ヴェルナー
カールスルーエ大学教授（起業家精神養成のための学部横断研究所所属）

つねに種を蒔くこと

フランク・ベルガーおよびジャン＝クロード・リンとの対談（『ア・テンポ』二〇〇四年一二月、第六〇号におけるインタビュー）

ヴェルナーさん、あなたは去る五月に、カールスルーエ大学・起業家精神養成講座への就任講義において、企業家の基本問題を定式化なさいました。すなわち、企業家は自らに「何をもって私は社会に奉仕できるのか？」と問わねばならない、と。しかし、これは現状においてはひどく理想主義的な考え方ではありませんか？

ヴェルナー：とんでもない、これは現実的な問題なのです。成功した企業は、いずれも社会的な成果を上げています。さもなければ、その企業は顧客を見出すことができず、顧客を見出すことができなければ、企業はその存在意義を失って、成功はおぼつかないでしょう。だからこそ、顧客が何を必要としているか、顧客にしかるべきものを提供するために何をなしうるかを、私たちはつねに自らに問うことが大事なのです。これはあらゆる企業の根本であって、そこに企業の存在意義があるのです。

あなたは「成果」という言葉に特別なニュアンスを持たせて、「奉仕」との関連において定義していますが、「奉仕」というのは「成果」以上のものではありませんか？

奉仕というのは、成果（利益）が自己目的になるのではなく、他者に奉仕することをあらわしています。企業――つまりこの労働共同体においては、この成果が本来誰のためであるかをつねに明確にしなければなりません。人びとが持つ労働目的は顧客の諸々の欲求から引きだされなければなりません。それはもちろん利潤目標と取り違えてはならない。利益はけっして目標ではありえず、利益は条件にすぎないのですから。企業が財政上の利益を得ることは、生きるために不可欠ですが、それはちょうど私たちが呼吸するために空気を必要とするのと同じです。企業は、純益を得るという基本条件なしには、繰り返し成果を上げることはまったくできないし、結局は「奉仕する」ことができなくなるのです。

講座の前任者であったラインホルト・ヴュルトはドイツの悲観主義的な雰囲気に抗して、ドイツは輸出に関しては世界チャンピオンであると指摘しましたが、あなたは現在の状況

をどのように見ていますか？

ここ数世紀以来、今日の私たちの世代ほど良い生活を送った世代はありません。今日「過剰社会」という言葉が用いられるほど多くの財とサービスがもたらされたことはかつてありませんでした。もう一つの問題は、私たちがこのことをどう考え、それに対してどう対処するか、です。最近数十年間に欲望の肥大化が進展しました。それゆえ、各個人にとっては次のことが問題になります。すなわち、収入と生活水準とをどのように調整すればよいのか、ということです。現在、悲観的な気分が生じているのはまだ個人的なレベルにおいてですが、これは今後、もっと広範な社会的な風潮としてあらわれるでしょう。もう一つの問題は政治的な問題で、どうしたら私たちが可処分所得を確保できるのか、という問題です。

あなたの部門を見ますと、同業者は後退期にさしかかっています。ところが、あなたの企業は成長を続けている。あなたのやり方は同業他社とはどうちがうのですか？

企業の成長を図るうえで重要なことは、いかに成長を遂げるかということと、いかに顧客の評判を獲得するかということ、この二者のバランスを取ることです。私たちは全部で七〇〇以上もの店舗を展開していますが、そのなかには業績が思わしくない店舗もあります。しかし、これはまったく正常なことです。問題はただ、成長と縮小（黒字と赤字）のバランスを取ることができるかどうかなのです。残念なことに、私たちの社会では「成長の経営」だけが教えられがちで、縮小はどうかすると「事故」とみなされます。第二次大戦後は、まず「復興の経営」がありました。そして、「成長の経営」の時期にあたる六〇年代から七〇年代の高度経済成長がやってきました。その後に「維持更新の経営」時期が始まるのですが、そこでは成長よりも現状を維持しつつ経営を刷新することが重要視されてきました。現在あいかわらず「成長の経営」がおこなわれていますが、多くの企業にあっては、そもそも成長が過度に強調されて、維持更新には関心が払われなかったことがみてとれます。現在私たちは――それはなによりも人口統計学的に見て人口増加がもはや期待できないことと関連するのですが――経営の新たな局面、つまり経営規模を調整する段階に入っているのです。

ドイツで多くの企業が規模調整に入ると、多くの人間が失業しますね。それでも問題はないのですか？

表面的なことに関しては、私はなんら心配していません。職場が失われるというのは、今日私たちが甚だ高い生産性を有していることの証明です。生産量が減少するのではなく、甚大な生産性向上があるのです。いまや私たちはこう問わなければなりません。「いったい人間は何によって生きるのか。仕事によって生きるのか、それとも財貨によって生きるのか」、と。人間としての生活の可能性を問題にするのであれば、私たちの生活は過剰状態にあります。唯一の問題は、人間が収入を得るにはどうしたらよいか、です。人びとが自分の職場を失うことを嘆くとき、それはなによりも、収入の道がとだえることを意味します。これは、経済の第二の課題です。第一の課題は、人びとに財とサービスを提供することであり、第二の課題は、人びとの所得を確保することなのです。

しかし今日、生産部門は続々と国外に移転されています。

これは本来肯定的に見るべき事柄です。私たちは生産部門の職場を外国に移転することによって、他の国の人びとに収入の道を開いてやっているのですから。国外移転をドイツだけに、つまり一国だけに限定するから、否定的にしか見えないのです。なにかがどこかで生産されるならば、そこの人間にとってはよいことです。私たちは仕事のなかに別の目標を探す必要があります。「何の仕事をするのか、自分の能力をどこで発揮するのか」という問いは、「どれだけの収入が得られるか」という事実と区別されねばなりません。労働と収入を関連づけることにこそ問題があるのです。ドイツには五〇〇万人を超える失業者がいますが、それは失業者が働かないでブラブラしていることを意味しません。いま大規模におこなわれているボランティア活動のことや、今日他者に対して提供される甚大なサービスのことを考えてみてください——まだ充足されていない自由な仕事があることを考えてみてください！　以前どこかの生産部門で働いていて、失業したひとは、別の仕事もしくは活動においてはるかに幸福を実感し、はるかに多くの意義を見出すかもしれないではありませんか。私たちはこれをまだ政治的課題として克服できていないだけなのです。労働と収入を関連づけることをやめることは社会科学と政治にとっては大きなチャレンジです。

改革は「ハルツ4」※の方向に進むのでしょうか？

※「「ハルツ4」は、ドイツの前政権（社会民主党と緑の党）が推し進めた構造改革のうち、「ハルツ提案」にもとづく一連の労働市場改革の第四段階を意味するもの。すでに施行されたハルツ1～3では、「失業者の就労を促進し、失業者数を三年間で半減する」ことを目標に、公共職業安定所や連邦雇用庁の改革、失業者の企業派遣制度や自営業者への転換促進制度などが法制化されてきた。二〇〇五年一月に施行された「ハルツ4」は一種の「ワークフェア」（社会保障の見返りとして勤労奉仕や職業訓練などを義務づける制度）で、長期失業者向けの失業給付金削減法

である。すなわち、従来、失業者には失業保険金が一定期間支払われ、その後は失業救済金に切り替えられていた。一方、生活困窮者には生活保護手当が支給されていたが、ハルツ4は失業救済金と生活保護手当を一本化し、「第二種失業保険」として給付するようにした。窓口の一本化を図ると同時に、生活保護手当受給者の中で就労可能な者に就労を促すことを目的としており、「第二種失業保険」の受給者は「一ユーロジョブ」と呼ばれる公園清掃などの仕事を半強制されることがあり（この仕事に対しては、失業給付金に加えて時給一ユーロないし二ユーロが支払われ、就業を拒むと失業給付金が減額される）、施行後も強い反対がある。本書五四頁のヴェルナーの見解を参照。〕

私はこの改革はだめだと思います。パラダイムの転換が必要であって、実際に考え方を変えなければなりません。ハルツ4は、現存のパラダイムの延長線上で諸問題を緩和しようとするものです。これは対症療法であって、根治療法ではありません。実現されねばならないのは、従来とは別の課税方法です。私たちの所得に課税するのではなく、消費に課税しなければならないのです。消費は私たちの生産能力のあらわれなのですから。私たちはベーシック・インカムを、つまり市民全員に所得を保証しなければなりません。それは、「人間は働かなければならない」という内面化された習慣にもはやとらわれることなく、各人が意義深いとみなす仕事（活動）をできるようにするためです。私たちはすでにこれを少なからぬ分野で実践しているわけです。たとえば年金受給者は、根本においては、失業者手当てを受給しているのと同じです。ベーシック・インカムについてはすでに長いこと熟慮されてきましたが、なお時間が必要です。しかし、発展は連続的ではなく、突然急速に生じることがあります。人間は洞察や破局から学ぶものですが、さまざまな洞察や破局もまた突然あらわれるのです。

そうなると、国家はむろん、「それには財政的な裏づけがない」と言うでしょう。このベーシック・インカムはどこに財源を求めるのですか？

まずここで問題なのは、ひとは問題点を主に「貨幣の観点」から見ることにあります。しかし、調達可能な資金は、生産されるものにもとづいて決定されます。私が年金生活者になったとして、私は将来の生活に何の心配もしていません。なぜなら、社会には必要十分な財とサービスが存在するからです。そこで問題になるのはただひとつ、つまり、どうしたら財やサービスを入手できるか、ということです。人間は財やサービスによって生きるのであって、貨幣を食べて生きるのではありません。これは致命的な結果をもたらす論理的誤謬です。ひとは、自分の年金で生活すると考えます。つまり、自分の収入によって生活すると考えるのですが、これはたいへんな誤りです。ひとは他者のサービスによって生活しているのです。生きてゆくために、他者のサービス（恩恵）を必要としない人間なんてどこにもいません。

最後の質問です。あなたの企業に関して、新年の展望をお聞かせくださいませんか？

そうですね。私はそれを比喩ではっきりさせたいと思います。何かを成し遂げようと強く念じて生きるとき、ひとはつねに種を蒔きます。そして、種蒔きのときには、まだ何も見えません。ひとはいつでも種子が発芽するのを楽しみにするものです。私の例に即して具体的にいえば、新しい店舗が開店するときです。ここにたくさんの種があります。何かを収穫するためには、多くの種を蒔かねばなりません。そして、種が発芽して成長するまでの間に、鳥が種を食べてしまわないことを願います。私は、未来のために蒔かれた多くの種を楽しみにしています。というのは、企業の本質は、永続的に未来を形成してゆくことにあるからです。ひとは誰でも自身のさまざまな活動をとおして未来を形成します。未来は、天気概況のように私たちのところへやってくるのではなく、私たち自身によって形づくられるのです。

月並みの改革ではなく、根本的な改革を

（ゲッツ・W・ヴェルナー、『ア・テンポ』二〇〇五年一一月、第七一号）

ディレンマ

私たちの経済の生産性はたえず上昇する一方なので、その結果、農業であれ工業であれ、主に手仕事によって国民経済の成果に貢献してきた人間がますます失業に追い込まれるという事態が生じている。このディレンマは、経営者である私にとっては、本質的な問題ではない。しかし、所得が労働と結びついているかぎり、このディレンマは続くであろう。この原則がもはや維持しえないことについては、すでにしばらく前に亡くなったペーター・グロッツ〔社会民主党の元幹事長〕が語っていた。それどころかグロッツは、完全雇用を口にするのは、実際のところ支配体制《エスタブリッシュメント》の暗黙の了解なのだと言っていた。

じじつ、今日ドイツではすでに一五〇〇万もの人間が、遺産、社会扶助〔生活保護〕、

失業救済金〔失業保険金の受給期間満了後の給付金〕、不正労働〔もぐり労働〕、第三者の援助によって生活しているのだ。いずれにしても彼らは、もはや本人あるいは家族の労働によって生活しているのではない。

したがって、生産性向上による失業という見かけ上のディレンマから抜け出す道は、労働と所得を切り離すことによってのみ可能になるのである。そしてそれは、無条件のベーシック・インカムの導入と結びつけられねばならない。

「無条件のベーシック・インカム」は何をもたらすか？

第一に、賃金と給与はその一部がベーシック・インカムによって置き換えられるので、〔労働によって得られる〕実質的な手取額は下がる。しかし、下がった賃金と給与は〔ベーシック・インカムによって〕補塡されるから、各個人の購買力は維持される。第二に、国家は市民に対する社会給付およびその他の支払を廃止することができる。すなわち、年金金庫、ドイツ連邦労働エージェンシー〔旧連邦雇用庁〕と健康保険金庫との間の資金移動、児童手当、住宅手当、通勤費補助、その他の助成金はなくなる。そして第三に、現在は法人税が課せられている輸出生産物の価格は、〔法人税が廃止されるから〕はるかに安くなる。

したがって、無条件のベーシック・インカム導入には、抜本的な税制改革がともなわなければならない。ドイツは、ますますボーダーレス化する世界経済における輸出大国として、また脱農業的かつ脱工業的な社会として、収益に課税するのではなく、国内消費に相当する可処分所得に課税するような税制の構造改革を必要としている――つまり、達成された成果に課税するのではなく、消費に課税すべきなのだ。この消費課税が意味するのは、付加価値税〔消費税のこと〕が段階的に引き上げられるのと並行して、同時に法人税が引き下げられることである。

私のこの提案を、企業収益の増大のためであると誤解しないでいただきたい。いずれにせよあらゆる税金は、いわゆる最終消費者価格に含まれていることを思い起こしてほしい。今日すでに最終価格に含まれた高い税金〔付加価値税〕を負担しているのは消費者なのである。不信の念をもってしては、事態を正しく認識することはできない。

この不信には否定的な人間像が反映されており、これこそ目下、税制の根本的な改革を妨げる主要問題のように思われる。決定権を握っている者たちは現存するシステムから利益を得ていると一般の人びとが考えるのに対して、決定権を握っている者たちは、無条件のベーシック・インカムは人間の労働意欲と能力発揮を弱体化させると考えているようだ。

労働の未来

しかし、そうではない。ベーシック・インカムが導入されれば、市民は生活の糧を得るために、ほんらい自分の能力や技能にまったくふさわしくない仕事を果たさねばならない職場探しから解放され、各人が持っている個人的な潜在能力を発揮しうる職場を探すことができる。その結果、一般的に意義があると考えられる職場のニーズがますます高まるであろう。なぜなら、そのような職場は、第一に、求職者自身の意図にかなっているからであり、第二に、職場に求められる一般的、道徳的な諸要求に対応しているからである。そうなれば、副次的コストがなくなって純粋に労働コストだけになるから、現在コスト面で経営が困難になっているサービス分野――老人介護や病人看護、教養文化面での仕事――に膨大な仕事の可能性が生まれるだろう。

そして、もちろん私は企業家として、自主企画と自己責任がはっきりと促進されることを期待している。ベーシック・インカムが導入されれば、「個人企業《イッヒ・アーゲー》」（失業者を対象とした起業促進策）に対する国家助成はなくなる代わりに、起業家的なイニシアティヴが可能になるであろう。なぜなら、国家は市民に、自ら起業を試みる自由な機運をつくりだすであろうからだ。「個人企業《イッヒ・アーゲー》」の概念が示唆するのは自分自身のための成果であるが、分業の原理にもとづいてなされる仕事は、いかなる仕事であれ、その成果は他者のためになされるという客観的な事実がある。それゆえ、経済はお互いのためになされる成果の継続的な相互プロセスに、すなわち包括的な双方向の互酬的な労働にもとづいている。国民経済もやはりこの互酬的な労働成果にもとづいており、所得政策、社会政策、税制関連政策はこうしたシステムを可能なかぎりうまく促進するように整備されていなければならない。

私の考えでは、これを実現するのは、私たちがベーシック・インカムによってそのための自由な空間を社会的につくりだす場合だけであり、また私たちの間に、人間はみな責任を持って自分自身ができる貢献をするのだという相互信頼が存する場合だけである。そして、ドイツ経済がその近代的な生産方式によって、十分な収入を市民全員に調達できる状況にあること、そして、ドイツのすべての人間が快適かつ確実に生活できることを私たちが受け入れる場合だけである。しかも、労働に対する疑わしい義務感を持つことなく、失業を不名誉なことと勘違いすることのない場合にかぎられる。

私たちの生活はパラダイス状態にある

ゲッツ・ヴェルナーとガブリエレ・フィッシャーとの対談（経済マガジン『ブラント・アインス』、二〇〇五年四月号、「トレッドミルから脱却すること、目標をみつけること、長期的に考えること、そして行動すること――これこそ未来の力」）

人類が今日ほど財とサービスに恵まれたことは歴史上かつてなかった。チャレンジすべきは、そこから何かをつくりだすことである。

フィッシャー：失業が増大するにつれて、どうしようもない無力感が拡大しています。あなたのヴィジョンによれば、ベーシック・インカムと消費税を結びつけることによって問題は解決できるということですが……。

ヴェルナー：それは、私が熟慮を重ねた結果です。私なりにいろいろと考えました。たとえば、経済について語る場合、全体的な観点と個別経済的な観点とを、つまり国民経済と経営学とをはっきりと分けて考える必要があるのですが、これは残念ながら無視されがちです。経済全体の観点から見て大事なのは、公共の福利ですが、個別経済的（経営学的）な観点からすれば、やはり企業と労働共同体の健全性を考えなければなりません。つまり、それぞれの観点によって、それぞれ別の問題があるということです。

フィッシャー：それはわかります。

ヴェルナー：さらに原則的に考えると、経済には二つの任務があります。一つは経営上の任務で、人びとに消費可能なサービスと財を提供することですが、これは今日かつてないほどうまくいっています。少なくとも先進国においては。今日私たちは買物天国に暮らしているわけで、財とサービスをもたらす能力は需要を上回っています。もう一つの任務は全体経済的な任務で、それは人びとに収入をもたらすことです。

フィッシャー：人びとがこれらの財を消費できるようにするためですか？

ヴェルナー：そうです。さもなければ、経済は機能しません。仮にまず、私たち二人が非常にクレバーで、あらゆる財を完全にオートメーション化された工場で調達できるとしましょう。すべてが自動化されていて、これらの財を生産するのにもはや誰の手も必要としないと仮定します。そうなったら、私たちは何をしなければならないか？　私たちは人びとに貨幣すなわち購買権を調達しなければならないでしょう――貨幣というのは購買権にほかなりませんからね。人びとに貨幣を調達してやるのは、人びとが私たちの完全オートメーション化された工場で生産されたものを買い取ることを可能にするためです。このような工場はまだユートピアだとしても、私たちはその方向へ進んでいるのです。つまり生産性発展は需要発展をとっくに追い越しているのです。市場は飽和状態にあり、この過剰な財を生産するために、私たちはますます少ない人手しか必要としないのです。これはチャンスと考えていいでしょう。いまや、労働への強制から私たちを解放することができるときが到来したのです。

フィッシャー：それは、自らの意志に反して労働から解放されている多くの人びとにとってはシニカルに聞こえるかもしれませんね。

ヴェルナー：それは、私たちが相変わらず古い考え方《パラダイム》に執着しているからです。すなわち、例の「働かざる者、食うべからず」ですよ。これはほんとうに私たちのなかに深く根づいている、古い清教徒《ピューリタン》的な考え方《パラダイム》です。しかし、事態を正確に見るならば、私たちはもうとっくにそこから抜け出しているのです。老齢者のためのあらゆる社会扶助は、人間は高齢になったら社会によって面倒を見てもらえることを目指しています。未成年者には児童手当が支給されますが〔ドイツ・オーストリアでは一八歳まで、学生の場合には最長二七歳まで支給される〕、未成年にはそれ相応の財とサービスが手当されてしかるべきだからです。住民の一部には、失業保険金や生活保護が支給されますし、他の一部の住民は、資産から生まれる貨幣の果実で生活するので、働く必要はないのです。

フィッシャー：具体的に言いますと、二六五〇万の正規被雇用者に対して、年金生活者が二〇〇〇万人、失業者が五〇〇万人、さらに生活保護あるいは第二種失業保険〔一八〜一九頁の「ハルツ4」の訳注を参照〕の受給者が二〇〇万人います。これには、児童手当および奨学金の受給者は含まれていません。

ヴェルナー：ええ、それが現実です。しかし、それでもまだ私たちの頭のなかには、収入は労働の結果生じるものだとする考えが巣くっています。この両者をまさに分離しなければならないのです。一つは収入です。もう一つは、私たちはみな共同体のなかで自分の才能や能力を発揮することを通じて他者のために働いているという事実です。

フィッシャー：あるいは、自分自身のために働いている？

ヴェルナー：ええ、それこそ私たちが抜け出さねばならない第二のパラダイムなのですよ。つまり、ひとは自分自身のために働き、それによって得られる貨幣収入で生活するのだという考えは、じつは間違っているのです。収入については二つの問題があります。第一に、収入は私の労働によって生まれるのではなく、「ブラント・アインス」であれ、「デーエム」であれ、他者が共同体のためにおこなった成果に対して反対給付（謝礼）を得る——さしあたりは、そこであらわれる貨幣によって——ことによって生まれるのです。第二に、私は私の収入によって生活できるわけではないことです——私が紙幣やクレジットカードを食べるのでないかぎりは。私は、他者が私のために仕事をし、消費可能な財やサービスを生産してくれることに依存しているのであって、その結果、パン、ミルク、卵、砂糖、チーズなどを買うことができるのです。

フィッシャー：それは同じ現象を別なふうに定義したにすぎないのではありませんか？

ヴェルナー：いいえ、そうではありません。他者のために活動する人間が多ければ多いほど、それは共同体にとっていっそううまくゆくこと、このことを共同体全体が理解していないとどうなるかという実例を、私たちはすでに旧東ドイツの社会を通して学んでいるではありませんか。ちょっと考えてみてください。旧東ドイツでは、人びとはなるほどお金をもってはいましたが、他者のために仕事をする者がいなかった。だから、店は空っぽだったのです。商品陳列棚を満たす者がいなければ、お金なんて何の意味もないことに誰も気づかなかったのは驚くべきことです。

フィッシャー：ええ。でも今では陳列棚にはモノがあふれていますが、お金がありませんね。

ヴェルナー：お金は問題ではないのです。問題は、私たちがお金を、つまり収入をつねに労働と結びつけることにあるのです。古代ギリシャ人はこの点では先進的でした。ふつうのギリシャ人は働かない代わりに、奴隷を所有していました。そして、現代の私たちの奴隷は、生産方式であり機械です。そのお陰で、私たちはますます少ない労働でますます多くの財を生産することが可能になる。そして、この生産方式と機械がますます多くの部分を片づけてくれて、人間がもはや労働する必要がなくなれば、私たちは人びとに収入を調達してやる必要があるのです。

フィッシャー：働く者だけが収入を得るのではなく、現に生存する者が収入を得るというベーシック・インカムの考え方そのものは古くからある考え方ですね。

ヴェルナー：理念はたしかに古いかもしれませんが、ようやく今日初めて私たちは、この理念を実現できるようになったのです。私たちはようやく現在、経済において生産が消費をはるかに上回るというパラダイスのような状況を手に入れたのです。つい三〇年前、あるいは四〇年前には不可能でした。昔のことを思い出してみましょう。なぜ私たちは外国人労働者《ガストアルバイター》をドイツに呼び寄せたのか？　カブトムシ（フォルクスワーゲン）を入手するには一年待たなければならなかったのですが、どうして私たちはそれを嘆かなかったのか？　たとえば、東西ドイツの統一が一九九〇年にではなく、それ以前の一九七〇年に生じていたとしたら――他の条件はすべて同一で、生産能力は七〇年代のままと仮定して――、当時の西ドイツにおいても配給制が必要になったでしょう。そうなれば、旧東ドイツの一七〇〇万人をそうたやすく受け入れることはできなかったでしょうし、甚大な欠乏状態を経験する羽目になったことでしょう。

フィッシャー：現在、ベーシック・インカム導入のための条件がかつてないほど熟していることは認めるとして、それでもなお決定的な問題が残っていますね。つまり、ベーシック・インカムの受給権を有するのは誰かという問題です。

ヴェルナー：私が私の庇護のもとに受け入れる者すべてです――家族としてであれ、コミューンとしてであれ、あるいは国または国民国家として。私が責任を感じる者すべてです。

フィッシャー：あなたの言う「私」とは誰ですか？　国家ですか？

ヴェルナー：この場合には、共同体です。私が任意に画定できる共同体で、そこでは私はつねに助成の原理を支持してきました。つまり私は、責任を可能なかぎりより小さな行政単位に任せるべきだと思っています。でも、共同体は欧州連合という大きなものであるかもしれませんし、あるいは全世界かもしれない。そうなれば理想的でしょうが……。

フィッシャー：これからベーシック・インカムを始めようというのに、それは少々野心的すぎるのではありませんか？

ヴェルナー：もちろん、この理念は野心的なものです。しかし、突きつめて考えると、心のなかのグローバル化、すなわち、地上のすべての人間に対して社会的な責任を感じることは、達成すべき目標となるかもしれません。つまり、私がたとえばエジプト人に対して、私の第三子に対するのと同様の責任感を感じるということです。そうであれば、経済はこのようにも定義できます。すなわち、経済には欠乏を――この場合は、世界規模の欠乏を――公平に分配する課題があるということです。そして私たちが忘れてならないのは、ヨーロッパは気候的にみて最良の条件を有していること、つまり他の地域よりも生産性が高いことです。

フィッシャー：まず当面は一国の問題として考えると、ベーシック・インカムはどのように推進されるのですか？

ヴェルナー：まず労働と所得を切り離します。じじつ、「働かない者は他人に養われている」という言い方をすることによって、失業という概念が存在するようになるのです。考え方を変えれば、私たちはこう言えるはずです。すなわち、私たちにはこれだけの人間がいて、これだけの財がある。そして、私たちにはこれだけの財があるのだから、これだけの貨幣を印刷することができて、人びとに分配することができる、と。そうなれば、各人がベーシック・インカムを入手できるのです。

フィッシャー：理論的にはたしかにそうですが、それでは貨幣はどうやって調達するのですか？

ヴェルナー：そこで、税制の問題が出てきます。これはいまやまったく新しいテーマです。しかし、この貨幣収入と税金はもともと同一の考え方にもとづいています。つまり、働く者は収入を得、収入を得る者は生活できる。それゆえ、私たちは課税基盤を収入に結びつけているのです。

フィッシャー：ええ、でも今ではそれが有意義な原則でないことは、議論されています。それゆえ、租税徴収者はさらに遺産や資産の課税強化を狙っていますよね。

ヴェルナー：それは別に目新しいアイデアではありません。数百年前、まだ農奴がいて、収入が問題にならなかった頃には、たとえば屋根税とか窓税がありました。基本的には一種の資産税です。つまり、金持ちで多くの窓と高い屋根を持っている者は、小さな小屋の持ち主よりも多くの税金を払った。後に、収入が問題になってくると、より多くの収入がある者は、少ない収入の者よりも多くの税金を払うという原則が受け入れられたのです。しかしそれは、まだ各人が個別経済的に働いていた時代であって、今日のように全体経済的、つまりほぼ一〇〇パーセントの分業の時代とはちがいます。

フィッシャー：この変化にはどんな意味があるのですか？

ヴェルナー：各個人の貢献は他者との連携作用においてのみカウントされます。私が個人として成果を上げれば上げるほど、私が自分の能力を賢明に発揮すればするほど、共同体にとっての収益は高くなる。そして、個人が個人の成果によって貢献すればするほど、ますます多くの税金を支払わねばならない——しかも累進的に——という原則にもとづく税制を私たちがもっていることは、それゆえ致命的なのです。これが結果的に意味するのは、共同体のために寄与しようとする者の意欲にブレーキがかけられることですから。

フィッシャー：たしかにそれは嘆かわしいことです。しかし、ベーシック・インカムの導入には多くの費用がかかりますね。それはどうやって調達するのですか？

ヴェルナー：別の面、すなわち消費に目を向けましょう。人間が消費するという事実は、共同体が調達しなければならない例のインフラ関連の必需品にゆきつきます。根本においては、税は、価値創造の成果を分配する役目をもっている——個人的に自由に利用できる部分と、共通なものを組織するために共同体が自由に利用できる他の部分とに分配する役目です。別の言い方をすれば、個人は、公共体が消費できるように、その個人的な消費から撤退しなければならないのです。ここに一つの興味深い事実があります。価値創造の成果〔所得〕に対しては、より多くの税が累進的に課されるのに対して、消費面においては、より多く消費すると税は累減的に少なくなるのです。大量に購入すれば、割安になることは、誰でも知っています。

フィッシャー：それはちょっとした埋め合わせではないのですか?

ヴェルナー：いえいえ、まったく誤った課税法です。というのも、税というものはそもそも社会的な貢献に対して課税されるのではなく、社会的な価値創造を消費することに対して累進的に課されるべきものでしょう。すなわち、誰かが、他者よりも多くの財やサービスを利用する必要に迫られるのであれば、彼はより多くの税を支払わねばならない。この私の主張もじつは新しい考えではありません。私たちはとうに消費税を持っているのですから。しかし、このことはまだすっかり正しく認識されていませんし、これを突きつめて考えなければなりません。つまり、私たちはこの税制をさらに発展させて、消費に対してのみ課税して、貢献〔価値創造たる生産〕に対しては非課税にするのです。たくさん消費する者はたくさん税を払い、つつましく生活する者は少ない税を払う。なぜなら、後者は前者よりも道路や飛行場を利用することが少なく、エネルギー消費もゴミの排出量も少ないからです。つまり、共同体から要求するところが少ないからです。

フィッシャー：しかし、消費税が唯一の税源だとすると、低所得層は現在よりも大きな打撃を受けるのではありませんか？

ヴェルナー：そのためにベーシック・インカムを導入するのです。その額は、個々の市民に最低限度の生活を保証しうる額、人間的な生活を可能にする額でなければなりません。もちろん付加価値税〔消費税〕も支払うことができる額です。

フィッシャー：ベーシック・インカムの支給額はどれくらい必要とお考えですか？

ヴェルナー：それは、共同体が責任を持って決定すべき課題の一つです。しかしひとまず、ドイツの市民一人に一五〇〇ユーロ〔一ユーロ一五〇円換算で、二〇万円強〕のベーシック・インカムが支給されると仮定しましょう。そして、「すばらしい、それでじゅうぶん。あとはもう消費するだけ」と市民全員が考えたとすれば、それはたしかに問題です。完全オートメーション化がまだ達成されていない段階では問題でしょう。しかし、その心配は無用です。これとは逆に、次のように言うひとはきっと非常に多いはずです。「ベーシック・インカムは生活するにはそこそこじゅうぶん。でも私には自分の目標があるし、やりたいことがある――いまや私は必要に迫られて働くのではなく、働きたいから働くのだ。いまや自分に向いていることができる。仕事を選ぶときに、収入を第一に考える必要はない。自分を尊重してくれる人たちのいるところで働くことができる。私がその製品に信頼を寄せ、その生産に関与する喜びを感じられる製品が生産される職場で働きたい」と。これはもう、たいへんな社会環境変動というべきでしょう。

フィッシャー：そのような世界においてもなおドラッグストアのレジ係になりたいというひとがいるとお考えですか？

ヴェルナー：もちろんですとも。

フィッシャー：どうしてそう断言できるのですか？

ヴェルナー：現実に、レジ係になりたいというひとがたくさんいるからです。私は、「デーエム」で働く人たちとよく話をします。まあ当り障りのないおしゃべりで、当人や家族の状況やらを尋ねるわけです。そこでわかることは、新たな収入を得る必要はないにもかかわらず働いている人びとがじつにたくさんいることです。彼らが働いているのは、いつも他の人たちといっしょにいたいから、つまり今日風の言い方で言えば、ネットワークのなかにいたいからなのです。

フィッシャー：それでも、誰もやりたがらない仕事が残るのでは？

ヴェルナー：そういう仕事には高額の給与を支払うか、あるいは、人手に代わる機械を発明しなければならないでしょう。また週末労働をめぐる熱い議論ももはやなくなるでしょう。日曜日に働きたいと思う者は、日曜日に働けばよい。人間は労働に対する権利を必要としないし、労働の義務もなくなります。つまり、必要とされるのは、労働に対する自由意思だけだということです。

フィッシャー：そのすばらしいユートピアをどのように財政的に可能にするのですか？

ヴェルナー：私たちはすでに今日、ドイツで、そしてヨーロッパで、すべての人間が生存可能なほど多くのものを達成しています。すでに今日、すべての人間になんらかの形で貨幣が支給されています。自分自身の所得によるか、資産や社会給付によって……。だから、お金は問題ではないのです。問題は何かといえば、あなたの同僚のヴァルター・ヴュレンヴェーバーが『シュテルン』誌（二〇〇四年五二号）に発表した、無教育地帯に関する卓越したルポルタージュのなかで述べている「真の悲惨」なのです。私たちが抱えているのは、税源調達の問題ではなく、文化的な問題なのです〔「下層階級――真の悲惨」というタイトルで、かつて炭鉱で栄えたルール地方の都市エッセン市内の一地域のルポ。そこの住民の大部分が生活保護受給者であるが、問題は金よりは教育の問題だと結論づけられている〕。

私たちはオルダス・ハックスリーの『すばらしい新世界』に生きているのであり、この世界では私たちの関心は絶えず逸らされ、本来の道をもはや見出せないでいるのです。

フィッシャー：この状況を変えようというわけですが、その方法は？

ヴェルナー：三段階を踏みます。所得税を軽減すること、消費税を加重すること、そして徐々に市民所得《ビュルガーゲルト》〔ベーシック・インカム〕を導入することです。たとえば、来月一日から第一段階として各人に月額四〇〇ユーロのベーシック・インカムを導入するとしましょう。働いていようと、年金生活者であろうと、あるいは生活保護受給者であろうと、各人に四〇〇ユーロが支給されます。実際にどうなるかというと、あなたの出版社の従業員も私のところの従業員も、従来の給与からの手取りは四〇〇ユーロ減額されます。なぜなら、彼らはその分をベーシック・インカムとして支給されるわけですから。そのためには、より多くの消費税を勘定にいれなければなりません。

フィッシャー：それで、その後は？

ヴェルナー：その後は、徐々に歩を進めて、いつか一五〇〇ユーロに到達します。そこでたとえば、私の会社のレジ係の女性が、八〇ユーロ分さらに働くべきかと自問することになる。その必要はないと考えれば、彼女は家にとどまる。働きたいと思う者に対しては、職場は誰にでも開かれている。その際最上の効果は、人間労働がやっと支払可能になることです。つまり、機械や新たな生産方式の導入が困難な、集中的に人手が必要とされる仕事に対して十分な手当がなされうることです。というのも、〔たとえば、看護士の現在の月額所得が三〇〇〇ユーロとすると〕看護士に対して三〇〇〇ユーロの賃金を出す必要はなく、

〔ベーシック・インカムとの差額の〕一五〇〇ユーロで済むからです。また、年金受給資格者がさらに働き続けたいと思う場合でも、何の問題もありません。彼あるいは彼女が望むなら、働けばよいのです。社会的価値の創造に貢献することになるわけですから。しかし、働こうと働くまいと、いずれにせよ、消費を介して税金面で寄与することになります。

フィッシャー：種々の社会保障給付の不正受給を監視する巨大な官僚機構がもはやなくなれば、国家機構がスリムになることは容易に想像できるとしても、このようなパラダイス状態をつくりだすのに消費税だけでほんとうに十分なのでしょうか？

ヴェルナー：消費税はとっくに存在しています。これを正確に見るならば、すでに今日最終消費者だけが実際に税金を負担しているのです。私は経営者ですから、いつも税金のことを考慮します。それをうまくやらないと、私の会社は赤字になり、いずれにせよ税金を払わないことになります。

私の主張はこうです。現在私たちが企業レベルで支払う税は、資産税であれ、相続税であれ、収益税であれ、営業税であれ、法人税であれ、すべての税が最終的に製品価格に上乗せされているのです。国家収入分が公正かつ透明な消費税によって明示されるならば、それは民主的な意識形成の興味深い実験になるかもしれません。おそらく消費税率は、四五から五〇パーセントになるでしょう。

フィッシャー：新たなパラダイムというよりはむしろ「公正で透明な納税申告」推進運動のように聞こえますが……。それは措くとして、経済的にはすべてが従来どおりにおこなわれるのでしょうか？

ヴェルナー：もちろんそうではありません。というのは、所得にもとづく課税の問題点は、価値創造の流れの最終局面で課税されるのではなく、その流れの過程のなかで課税されることです。この課税方式はいわば蕾を摘んでしまうものです。すなわち、ある製品がまだ完成しないうちに課税の手が延びてきて、あらゆる段階で課税されるのです。その結果、おびただしい社会的な誤作動が生じます。税金が繰り返し企業経営に手を伸ばしてくるので、経済的にはほんらい反生産的である種々の対策がとられます。つまり、増築がなされ、消費され、投資されますが、それらはみな税金対策なのです。これに対して消費税の場合、最終的に消費される製品にのみ課税されます。環境税との重要な相違点もそこにあります。環境税は消費時点ではなく、生産時点で徴税されるからです。これは大きな誤りです。あたかも、戦車に給油するのも、救急車に給油するのも、そこに相違を認めないようなものです。

フィッシャー：それはすなわち、消費税は、共同体にとって良いことには低率に、あまり良くないことには高率に課せられるということですか？

ヴェルナー：そうあるべきです。

フィッシャー：何が良くて何が良くないかを誰が決定するのですか？

ヴェルナー：全社会的な合意、つまり議会で承認される合意が必要です。

フィッシャー：つまり政府ですね。そうなるとまた数多のイデオロギー論争に明け暮れることになりませんか？

ヴェルナー：おっしゃるとおりです。しかしそれはつねに私たちの宿命です。私にとって重要なのは、付随的な損害がもっとも少なくなる方式とツールを発展させることです。国家が金を必要とするのは明らかです。しかし、投資決定が誤った方向でなされ、また人間がもはや貢献しえなくなるような方法で国家による徴税がなされるならば、それは付随的な損害です。消費税に関していえば、この危険性は少なく、控除をめぐる議論ももはや存在しません。決算（貸借対照表）ははるかに透明でオープンになり、より正しいものになりうるでしょう。そして、生産の国外移転もはるかに少なくなるにちがいありません。ドイツは絶対的な税金天国になるでしょう。もっとも他の国々もすぐにこの策略を見破って、追従することは間違いないと思いますが。

フィッシャー：ベーシック・インカム導入はあなたにとっては長期的なヴィジョンかと思われますが、ひょっとして二一〇〇年には実現するでしょうか？

ヴェルナー：それはベーシック・インカムの定義によりますね。私に言わせれば、発展は不連続的なプロセスであって、時間的には不可逆的に経過します。発展はつねにところてん式に進みます。それがプロセスの特徴です。ベーシック・インカムの時代は意外に早く到来するかもしれません。たとえば、一九三〇年代末にルートヴィヒ・エアハルト

〔一九八七〜一九七七年。ドイツの政治家・経済学者。アデナウアー政権の経済大臣として西ドイツの戦後の経済復興に寄与し、後に首相を歴任した〕が社会的市場経済の構想を公表したとき、その理念がはや一九四八年に日の目を見ることになるとは、誰も考えませんでした。しかし決定的だったのは、この構想がすでに存在していたことです。このことは今日にもあてはまります。

私たちは物事を未来に向けて考えなければなりません。未来を先取りし、まだオープンな諸問題に対する回答を今日のうちに見出さねばならないのです。その時期が到来すれば、考え抜かれた構想を実施に移すことができるにちがいありません。

労働をマニアック視することで、みんな病気になる

ゲッツ・ヴェルナーとアルノー・ルイクとの対談（『シュテルン』二〇〇六年四月二〇日、十七号）

彼はかつてはまったくふつうの資本家だった――つねにより多くの収益を上げることしか念頭になかった。その後、彼はゲーテとシラーを読んだ。ヨーロッパ規模のチェーンを展開するドラッグストア「デーエム」の経営者であるゲッツ・ヴェルナーは、いまやある「革命」を意図している。市民全員にベーシック・インカムを提供しようというのである――揺り籃から墓場まで。

ルイク：ヴェルナーさん、あなたは禁忌《タブー》破りがお好きで、「人間がもはや労働する必要がないのは良いことだ」とおっしゃっていますね。

ヴェルナー：ええ。労働への強制から自由であることはなんといってもすごいことですからね。私たちが、アダムとイブの堕罪の後のように、額に汗してパンを得なければならない時代は過ぎ去りました。人間は第五の創造〔神によるいわゆる四つの創造に続くもの〕を成し遂げました。つまり機械を発明したのです。この機械こそ私たちの「現代の奴隷」です。そして、この奴隷たちが仕事をするのを眺めるのはすばらしい。自動車工場でロボットがボディを溶接しているのを見るのは愉悦です。そこでは、あたかもタイタンが働いているようにみえるじゃありませんか。このようなすばらしい機械がすでにあるのですから、たとえば鉱山労働者が地下二〇〇〇メートルの灼熱のなかできつい肉体労働に従事し、その結果、微細粉塵を吸い込んで病気になるというのはバカげています。

ルイク：とにかくこう言えるでしょう。ひとは働くことによってのみ、また何かの価値を生み出すことによってのみ、社会のなかでなにがしかの価値があると認められる。それはまた自己価値をも生み出すのだと。

ヴェルナー：そうなのです。そんな見解を持ってしまうのも、私たちがいまだに古い、もはや時代に合わない道徳的な戒律にしたがって生きているからです。例の「働かざる者、食うべからず！」ですよ。この点では、古代ギリシャ人はたしかにはるかに進んでいました。彼らにあっては、目標は閑暇、つまり有意義な余暇であって、労働ではなかった。したがって、私は新たな職場創出をめぐるおしゃべりにはもうほとんど耳を傾けることができません。

ルイク：あなたはあっさりと、「失業はチャンスだ」とおっしゃっていますね。

ヴェルナー：ええ、そのとおりです。

ルイク：でも、「社会的《ゾツィアール》であるとは、仕事を創出することだ」と政治家はいまだに叫んでいますよ！

ヴェルナー：政治家は金縛り状態になっていて、考えを先に進めることができないのです。彼らに私たちの社会を前進させるための理念《イデー》を期待することはほとんどできません。彼らは完全雇用妄想の麻酔にかけられていますから。私たちはこの新しい現実を受け入れなければなりません。つまり、完全雇用の時代は決定的に過ぎ去ったという事実を、です。完全雇用は神話であり、嘘なのです。

ルイク：しかし、経済の課題はなんといっても職場を創出することではありませんか？

ヴェルナー：いやいや。それはまったくのナンセンスですよ。経済は、社会療法的な雇用創出を目的とするものではありません。企業経営者が自分の経営する店舗に出かけて、「どうしたら新らしい職場をつくりだせるだろうか？」と自らに問いかけることはないのです。そうではなく、「いかにしたら最も効率よく生産できるか、いかに合理化しうるか、いかにして顧客に最適な商品をつくり出せるか？」と問うものです。経済の課題は――財の生産を別とすれば――人間を労働から解放することなのです。

ルイク：そう考えると、失業者をたくさんかかえたドイツ経済はすばらしい状態にあることになりますね！

ヴェルナー：そうです。私たちはパラダイス的な状態にあるのです。問題は、社会が産出したものへのアクセスをすべての人びとに可能にするにはどうしたらよいか、ということです。私たちは過去五〇〇〇年にわたって欠乏に悩まされてきましたが、この欠乏が遺伝的に私たちのなかに伝えられているかのようにみえます。私たちは人類の歴史上初めて過剰のなかに生きているにもかかわらず、多くの人びとはこの新たな現実を正しく理解できずにいます。人間はいわば経験の牢獄に捕われているのです。

ルイク：人びとは、ハルツ４のケースに身を落とすことをとにかく恐れています。

ヴェルナー：ええ。これは大きな問題です。ハルツ４による社会給付受給者は烙印《スティグマ》を押される不安をかかえています。「役立たず」という烙印を押される不安です。このように労働をマニアック視することで、私たちはみな病気になるのです。そこで、ハルツ４とはいったい何なのかを考えてみましょう。ハルツ４は公然たる行刑〔刑の執行〕です。自由権を強奪するものです。ハルツ４は人間を苦しめ、創造性を破壊します。社会民主党と緑の党の連立政権がこの破壊的な要素を社会に持ち込んだことは、じつにスキャンダラスです。

ルイク：ハルツ４は、危機を抜け出すためには必要不可欠だったというのが大方の見解ですよ！

ヴェルナー：なるほど。いったいどんな危機です？　どこに経済危機があるのです？

ルイク：失業者があふれているのに、危機ではないと言うのですか？

ヴェルナー：私たちは思考危機に陥っているのです。これほど多くの失業者が存在するということは、私たちの経済の強みであって、生産性の高さを示すものです。

ルイク：これはまた、ずいぶんシニカルな見方ですね。

ヴェルナー：いいえ、まったく逆です。私は人びとを助けようとしているのです。誰かが社会的に排除される必要はないのです。私たちは仕事を失った人すべてを扶養できるのです。そのためには、ラディカルに、革命的に考えることを学ぶ必要があるのです。

ルイク：それでは、具体的に何が必要なのかをご教示願いたいものです！

ヴェルナー：私たちの経済システムでは、所得と労働が強固に結びつけられていますが、これはもはや時代に合わないのです。私たちは労働に対する権利を必要とはしない。私たちは所得に対する権利を必要としているのです。無条件のベーシック・インカムに対する権利が必要です。お役所的な面倒は一切なしに、無条件で、申請手続きもなく――揺り籃から墓場まで――人びとの手に現金が支給されねばなりません。

ルイク：いやはや、なんてすばらしい！

ヴェルナー：ええ、じつにすばらしいことです。しかし、私をからかうのはやめて、一緒に考えてください！　市民全員にもれなくベーシック・インカムを支給しなければならないのです。

ルイク：あなたは、市民全員に月額数百ユーロを手渡すとおっしゃる。それにはまったくいかなる条件もないのですか？

ヴェルナー：そうです。数百ユーロにとどまらず、人間が誰でもつつましくはあっても尊厳を持って生活できるだけの額です。誰もが社会的・文化的な生活に参画できるようにするためです。そして、それによって失業そのものが問題視されることはもはやなく、誰一人「役立たず」という烙印を押されずにすむのです。

ルイク：市民全員に支給されるベーシック・インカムはどれほどの額になるのですか？

ヴェルナー：私の考えでは、一人当たり一五〇〇ユーロといったところでしょう。そうなったら、どのような社会発展が見込めるか、想像してみてください。生存の不安のない社会の実現ですよ！

ルイク：たしかにすばらしい夢ですね。しかし、誰がそれを負担するのです？　あなたのいうベーシック・インカムとは要するに、さらなる増税と、さらなる出費をもたらすだけではありませんか！

ヴェルナー：いいえ、まったくちがいます。私はあらゆる税を廃止することに賛成します

――ただ一つ、付加価値税を除いて。この付加価値税だけは、強力に増税しなければならないでしょう。おそらく五〇パーセントまで。

ルイク：あなたの意見は常軌を逸していますよ。尋常ではありませんね。

ヴェルナー：いいえ。よく考えてください。付加価値税は唯一公正で、かつ現実的に意義のある税です。たくさん消費する者が、国家財政により多く貢献することになります。

ルイク：しかし、馬鹿を見るのは――いつもそうであるように――低所得者層ではありませんか。貧乏人は相対的にもっとも多く税を支払うことになります。しかも、商品は高くなる。

ヴェルナー：いいえ。ここで注目していただきたい点は、まず第一に、付加価値税は社会的な観点から設定できること。第二に、商品は高くはならないことです。たとえば、メガネの価格が一〇〇ユーロだとしましょう。そのうちの一六ユーロが付加価値税で、八四ユーロが商品の価値です。この八四ユーロには、三四ユーロの他の税金がすでに隠されており、実際の商品価値は五〇ユーロなのです。したがって、五〇パーセントの付加価値税を導入するというのは、商品価格に含まれる税の割合をはっきりと明示することにほかなりません。私は、付加価値税を一挙に五〇パーセントに上げるべきだと言いません。それには数年かかるでしょう。スカンディナヴィア諸国では、付加価値税は現在すでにドイツよりもはるかに高率で、一部では二五パーセントになっています。そして、これらの国々ではわが国よりもはるかにうまくいっている。そうなのです。この消費税〔ドイツでは現在「消費税」という名称は存在せず、これに実質的に相当するのが付加価値税である〕の導入によって、私たちの構造的な諸問題の多くが解決されるでしょう。

ルイク：いったいどうしてそうなるのです？

ヴェルナー：所得に課税しない、つまり労働に課税しないことにすれば、税金が価値創造プロセス全体にブレーキをかけることもなくなり、経済的なイニシアティヴも解放され、成果はますます向上するでしょう。賃金は低下するでしょうから、生産拠点を国外に移すことは無用になるでしょう。その結果、産業立地としてのドイツは強化されることになるのです。

ルイク：なるほど、結構でしょう。よくわかりました。あなたのモデルが目指すのは、なによりも完璧な企業家天国なのですね。その結果、金持ちはいっそう豊かになるというわけですね。

ヴェルナー：あなたの見方は相変わらず近視眼的です。あまりにも近視眼的で、古い型にはまった考え方ですよ。あなたはこう考えている。「企業に課税しなければならない、庶民の負担を軽くすることができるように」と……。しかし、それはまったくのまやかしです。私自身企業家ですから、よく承知していますが、企業は税をほとんど払っていないに等しいのです。

ルイク：何ですって？　苦境にあえぐ企業家の声、つまり、「税金が私たちを拘束している、重税で息の根が止められる」という彼らの大きな叫び声をしょっちゅう耳にしますよ。

ヴェルナー：そうそう、それなんです。叫び、嘆き、泣き言は商売にはつきものです。しかし、じつは企業家はみな税負担をそっくり価格に上乗せしているのです。だからこそ、私の社会構想は被雇用者にとっても天国だと思いますよ。そうなれば、企業家は権力を失うでしょう。労働組合も、政治家も、同じくその権力と影響力を失うでしょう。一方、市民は誰もが尊厳と安全を獲得し、さらに現実的な自由を獲得するでしょう。つまり、「ノー」と言える自由です。

このようなベーシック・インカムが何を生み出すかを、想像してみてください！　生存の不安から解放されれば、あれこれと心配して節約する必要はもはやなく、安心して消費することができるでしょう。そしてさらに重要なのは、将来の不安なしに、自分自身の能力を開花させ、真の意味で人間になることが可能になるでしょう。そして、誰もが誰とも対等の立場にたつことになるでしょう。人間の尊厳とは、なにかとても微妙で、繊細なものですからね。そうなってはじめて何の不安もなく、被雇用者はこう言えるのです。「この雇用者のもとではもう働かない。彼は環境汚染に加担しているし、従業員を虐めている。私はここを辞める」と。

ルイク：それで、あなたは実際に市民全員に一五〇〇ユーロを給付するつもりなのですか、まったく条件をつけずに？

ヴェルナー：そうです。

ルイク：そうしますと、年間で約一兆四〇〇〇億ユーロになります。つまり、ドイツの国民総生産の三分の二強にあたります。それでは国家財政がパンクしてしまいますよ。

ヴェルナー：ただちに完全な新体制にもってゆこうというわけではありません。それには長いプロセスが必要で、おそらく一五年、二〇年かかるでしょう。大事なのは、新たな思考へと切り替えることです。私のベーシック・インカム構想は、――小規模でならば――もう明日にでも開始できます。私たちは明日にでもこう言えます。「各人は月額七〇〇ないし八〇〇ユーロを請求する権利がある」と。

さらに次のことを考えてみてください。全員が一五〇〇ユーロを手にするのではなく、年齢に応じて段階をつけて、子どもには三〇〇ユーロ、年金生活者には労働世代よりもいくらか少なめに、という具合いにできるでしょう。現在すでに、連邦、州、および自治体は七二〇〇億ユーロ以上を社会給付として歳出にあてています。つまり、失業保険金、児童手当、生活保護、奨学金、住宅手当などの社会給付がもうすでに実現しています。

ルイク：ベーシック・インカムが実施されると、これらの給付はすべてなくなるのですか？

ヴェルナー：そうです。これらの給付金はすべてベーシック・インカムに統合されますから、不要になります。それにともなって、さらに大きなことが生じます。すなわち、膨れ上がった官僚機構、市民を虐めているこの巨大な社会官僚制度は、劇的に縮小されて、その結果数百億ユーロが浮くはずです。つまり、私たちはその気になればただちに八〇〇ユーロのベーシック・インカムを導入することができるのです。それはけっして夢物語《ユートピア》ではありません。

ルイク：しかし、あなたの夢について語る前に、ヴェルナーさん、現実的な質問をさせてください。そうなると、汚れ仕事はいったい誰がやるのですか？　あるいはもっと平たくいえば、あなたの経営するドラッグストアのレジ係になりたいという人がいるでしょうか？　一五〇〇ユーロを手にしたら、みんな何もしないで安逸に暮したいと思うのではありませんか？

ヴェルナー：いえいえ、そんなことはありません！　もちろん、機械で片づけられない不愉快な仕事に対しては、場合によってはふつう以上の対価を支払う必要があるでしょう。しかし、基本的にあなたの人間像は悲観的すぎます。ベーシック・インカムは人間を怠惰にし、無気力にするものではありません。その逆です。私たち人間は何事かを成し遂げたいと欲するものです。その際、強制は助けにならない。不安も助けになりません。あなたは仕事の精神的な価値を過小評価しています。仕事は楽しみでもあるのです。人びとは働くことを欲しているのです。人びとは、共同で何事かを達成したいと思っているのです。たとえば、エーリヒ・フロムはすでに一九六六年に、仕事なしには人間は狂ってしまうと述べています。なぜなら、そうでなければ、人間は他者のために有用ではありえないからだというのです。仕事が生存を確保するための強制でないのであれば、自分で満足できることをやれるのであれば、そうなれば……

ルイク：まるでカール・マルクスが語っているように聞こえますね。マルクスは……

ヴェルナー：マルクスだなんてとんでもない、後生だから、やめてください！

ルイク：……　マルクスは労働の廃棄を夢見て、こう言っています。「実際、自由の国は、窮乏や外的な合目的性に迫られてなされる労働が廃棄されてはじめて始まる」〔『資本論』第三巻第四八章〕。

ヴェルナー：ええ、まったくそのとおり。それこそ私たちの必要とするものです！　そう書いたのは若き日のマルクスで、残念ながら彼は晩年にはこの考えをそれ以上追求しませんでした。

ベーシック・インカムによって、じつに意義深いことをおこなう可能性が生まれるでしょう。老人や病人の看護や介護、文化的な仕事、環境保護活動などの人間に関する仕事です。まあ考えてみてください。人間は、働かねばならないから働くのではもはやなく、働きたいから働くようになるのです――これは、社会における労働・福祉環境をラディカルに一新するでしょう。

ルイク：あなたは夢想家ですね。

ヴェルナー：いいえ、私は夢想家などではありません。私たちの社会は、これからはもう従来と同じように進むことはできないのだということを是非理解してもらいたいのです。私たちは分岐点にさしかかっています。人間はいつでも二つの理由から学びます――洞察によってか、あるいは破局《カタストロフ》によって。

そして、このドイツで、フランスでまさに起きているようなことを欲しないならば、――つまり、まず郊外での暴発があり、いまや学生たちが反乱を起こしていますが――ベーシック・インカムについて熟慮しなければならないのです。

ルイク：要するに、あなたは、失業者たちが反乱を起こし、経済システムを原則的に問題視することを恐れているわけですね？

ヴェルナー：あるいはそうかもしれません。しかし、私はこの問題をひどく狭くイデオロギー的に見てはいません。私たち人間にはやはり展望が必要なのです。この問題に関して、私を駆り立てているのは、まったく具体的なことです。すなわち、私たちは、古典的な労働が消滅しつつある社会に向かおうとしているのです。工場は空になりつつある。ノーベル経済学賞を受賞したミルトン・フリードマンは、数年のうちに技術上の進歩によって労働は二〇パーセントしか残らないと考えています。

ルイク：社会学者のベックは、依然として人間は「余計」になるばかりだと語っています。

ヴェルナー：余計な人間などいません。誰もが重要で、価値があります。問題はなんといっても、人間が古典的な労働から抜け落ちたときどうするのかということです。これは文化問題なのです。私たちは人びとに希望を与えなければなりません。信念、愛、希望を与えなければならない。もしそれができなければ、私たちは無気力な存在に転落します。そうなれば、私たちは単なる動物人間、二本足の動物でしかありません。

ルイク：あなたは二三〇〇〇人の上にたつ雇用主ですが……

ヴェルナー：「上にたつ雇用主」ではありません。

ルイク：あなたは二三〇〇〇人の従業員と一六〇〇以上の店舗をかかえる会社経営者ですね。イギリスの事業家ロバート・オーウェンの例に即して考えてみましょう。オーウェンは十九世紀に彼の社会政治的なユートピアを自分の工場内で実施に移そうとしました。児童労働をなくし、一〇時間労働制を導入したわけです。あなたの王国で小規模なパラダイスをつくってみてはいかがですか？

ヴェルナー：私たちの企業ではふつうとは異なる色調《トーン》が支配的だと考えていることは別として、オーウェンの例が示すのは、全体を包括する企てを小規模に先取りして実施することはできないということです。オーウェンは幾つかのことを成し遂げましたが、多くの点では失敗しました。いいえ、私たちは小規模に行動する必要はないのです。全体が問題なのですから。社会全体の思考遮断を克服しなければなりません。私にとっての窮極の目標は明白です。それは、不安のない社会です。それこそ、私たちの進路を示す北極星なのです。

ルイク：あなたはどうしてそれほど社会のことを考えるようになったのですか？

ヴェルナー：古典作家を読んだからです。

ルイク：ゲーテやシラーのことですか？

ヴェルナー：ええ。そして、さらに何人かの作家を読みました。古典作家を一種の基礎研究として読んだのです。一時期私は、より多くを求める衝迫に突き動かされて消耗し、気力を使い果たしていました。そのままではほとんど死を免れなかったかもしれません。しかしあるとき、ひたすら突き進むことに疑問を感じたのです。ゲーテの『ファウスト』、シラーの『美的書簡』（『人間の美的教育について』）が、世界を新たな目で見ることを教えてくれました。認知能力を高めてくれたのです。

ルイク：「地上の不安を投げ捨てよ」とシラーは叫びます。「狭くて鬱陶しい人生を逃れて、理想の国《ライヒ》へ！」と。

ヴェルナー：そう、それこそが問題なのです！　若いとき、私はどちらかといえば、「用意、ドン！」という競争原理をモットーとして生きていました。しかし、年をとると、成功とは自分がいかに成功したかを意味するのではなく、他者を成功させることにどれだけ成功するかであるということに気づきます。大事なのは、つねに人間なのです。

ルイク：「問題は、何をもって人間に奉仕できるかであって、金儲けではない」ですか。いや、じつにご立派！

ヴェルナー：茶化さないでください。私は自分のことをむしろ、『ファウスト』のなかで言われるように、「たえず努力しつつ励む」者だと思っています。

ルイク：それで、それほど『ファウスト』に魅了された結果、今日あなたの会社のレーアリング（「実習生」を意味する普通の表現）たちは……

ヴェルナー：私たちのところでは、彼らは「レルンリング」と呼ばれています（「レーアリング」が「教育する」に力点を置くのに対して、「レルンリング」は「（自主的に）学ぶ」が強調される）。

ルイク：彼らは演劇活動をし、『ファウスト』を上演するわけですね。

ヴェルナー：義務ではありません。機会が提供されるのです。私たちはそれを「冒険＝文化」と呼んでいます。毎年、このワークショップに七〇〇名から八〇〇名の若い人たちが参加します。若者たちは、現在前例のないほど激しい刺激と影響力をもつ文化的爆風にさらされています。彼らの話し方は、刺激の洪水のなかで、テレビその他一般の騒音によって歪められ、断片的になっていて、自分の考えを表現することがもはやほとんどできません。芝居を演じることによって、彼らは自分たちのなかにあるものを体験し、そうして自分自身を新たに発見するのです。

ルイク：それであなたは、あなたの行為、あなたの考えが、より良い世界をつくる助けになると考えていらっしゃるのですね？

ヴェルナー：それはわかりません。しかし、私の理念が人びとに希望を与えることはわかっています。また、私の考えが広がってゆくと思っています。その点では、確信があります。パン生地を発酵させるには、いかにわずかな酵母で十分かを、考えてみてください！

根本的《ラディカル》に考えて、一歩一歩行動しなければならない

シュテファン・ロットハウスがゲッツ・W・ヴェルナーとベネディクトゥス・ハードルプにインタビューする（雑誌『バンク・シュピーゲル』二〇〇六年第一号、通算一九六号での対談「誤認されたパラダイス。労働が金を稼ぐ以上のことであるならば、ベーシック・インカムはいかなる寄与をなしうるか」）

無条件のベーシック・インカムは失業問題解決の助けになりうるのだろうか？　ベーシック・インカムは、労働に従来とは異なる解釈を与えるための自由な余地をつくりうるのか？　それは財政的にどうしたら可能になるのか？　これらについて、バンク・シュピーゲルのロットハウスがゲッツ・W・ヴェルナー教授と公認会計士兼税理士であるベネディクトゥス・ハードルプに聞く（本書一四三頁以下の同氏へのインタビューをも参照）。

ロットハウス：ヴェルナー教授、あなたはあなたの会社「デーエム・ドゥロゲリー・マルクト」で最近数年間に何千もの職場を創出しました。同時にあなたは、職場創出それ自体は企業の目標ではないとも語っておられます。これはどう理解すればよいのでしょう？

ヴェルナー：私たちの目標は、できるだけ多くの顧客に私たちの製品の美点を確信してもらうことです。それに成功するならば、顧客数の増加にともなって、私たちの仕事量も増大します。そうなると、これらの仕事を遂行する人間と生産手段が必要になる。仕事は、イニシアティヴによって成り立つものです。私たちの企業の成長が続いて、職場が創出されることは、顧客の評判が上昇したことのあらわれであり、その結果なのです。

ロットハウス：あなたの見解では、私たちの失業問題に対する取り組みは、まったく誤っているとのことですが。

ヴェルナー：そうです。経済と社会が問題になるとき、失業というテーマが私たちの思考を占有してしまいます。その原因は、稼得労働という時代遅れの考え方《パラダイム》にあるのです。さらに、公共財政が、わけても所得に対する課税によって調達されることに原因があります。労働に関するたくさんの思い込みに問題があることを認識しない者は、稼得労働が減少しないように努力するほかない。さもないと、税金の査定基盤が崩壊してしまうからです。そのかぎりでは、失業はまったく緊急のテーマです。しかし問題なのは、このテーマの前提となる根拠が真剣に究明されていないことです。これはいわば、病気の原因を究明せずに、患者の健康を取り戻そうとする試みのようなものです。

ロットハウス：あなたは、新しい労働をいかに理解すべきだとお考えですか？

ハードルプ：イニシアティヴを自由に発展させること、そして、このイニシアティヴに基づいて生活をつくりあげることです。そうなれば、たとえば収入を、自己のイニシアティヴにしたがって行動できるような状況をつくりだす手段であると理解するようになるでしょう。すると、労働はまったく別の性格を得ることになる。つまり、労働は自ら選びとるものであって、他者によって課される重荷ではなくなるのです。

ロットハウス：失業は二つの重要な結果をもたらします。一つは、私たちの社会システムの維持を財政的に困難にすることであり、もう一つは、失業者本人を失望させ、挫折感を味わわせることです。これらの問題に対して、あなたの構想はどのように対応するのでしょうか？

ヴェルナー：それは、私たちの労働観と関連しています。労働は二つの領域に分けることができます。第一は、自然基盤と物質に関係する労働です。過去数千年間、私たち人間はつねに物質的な欠乏を経験してきました。過剰という言葉を用いるようになったのは、つい数十年来のことにすぎない。これは、自然科学にもとづく技術的な進歩と、そこから成立した産業革命のお陰です。機械と生産方式は、今日では途方もない量の労働を軽減しています。

他方、第二の労働領域では、つまり人間に関与する領域では、引き続き膨大な量の労働が必要とされます。私はこれを「文化的労働」という包括的な概念で捉えています。たとえば、教育や教養、老人介護や青少年育成などの社会的な仕事です。将来の老齢人口の増加を考えると、その需要はものすごく増大します。この分野は、技術的な生産性が問題になるのではなく、人間同胞としての配慮が問題になりますから、単純には合理化できませんん。これが将来の労働分野になるでしょう。稼得労働に対する時代遅れの思い込みによって、また私たちがあらゆる社会制度と社会規範を稼得労働に結びつけているために、今日この第二の労働は私たちにとって財政的にほとんど工面できなくなっているように思われます。

ロットハウス：……人為的に工面できなくされている？

ヴェルナー：そのとおり。私たちはいわば「思考の監獄」に捕われているのです。まず第一にこれを打破することが、ベーシック・インカムを導入しようとする私たちのイニシアティヴの課題です。失業という概念はもともと人為的な概念なのです。今日、定義によって失業とされる人間でさえ、なんらかの事柄に従事しており、一部では社会の福祉のために非常に重要な貢献をなしている――たとえば、青少年のケアにたずさわるとか、あるいは子どもの親として。しかし、そのような仕事の価値を私たちはしばしばまったく認識していないのです。

ロットハウス：私たちの社会制度や取り決めが技術的な可能性に遅れをとっているのでしょうか？

ヴェルナー：そうですね。私たちの文化圏において生存を脅かす欠乏はもはや存在しないというかぎりでは、私たちはパラダイス的な状況にあるのです。歴史的に見てこれは、私たちにはまったく新しい経験です。私たちの社会的苦境はすべて、真の問題ではない見かけ上の問題を時代遅れの方式で解決しようとすることに起因しています。

ロットハウス：私たちがパラダイス的な状況にあると言明することで明確になるのは、私たちが世界のどの部分で生活しているか、また私たちの生産力がどの程度発展しているかということですね。

ハードルプ：根本的に見て、失業はじつは巨大な成功の証しなのです。人間は多くの労働から解放されますから、私たちは新たな課題を探すことができます。しかし、私たちはこのチャンスを利用していないのです。ゲーテが『ファウスト』のなかで述べているように、「私たちは豊かさのなかで餓死する」のです。私たちは、私たちの物資供給量では不十分だと思っている。ところが、私たちは生活に必要とする以上のものをすでに持っているのです。

ロットハウス：課税システムとしての経済には、人間の能力と需要を結びつける課題があります。私たちは現在、少なくとも部分的には、このシステムの失敗を経験しているのでしょうか？

ヴェルナー：私は少しちがった見方をしています。経済の課題は、人間に財とサービスを供給することです。これに反して税制は、社会の問題です。社会は市民に所得を保証する義務があるのです――少なくとも絶対的な分業がおこなわれている今日の状況においてはそう言えます。一〇〇年前には、ドイツの住民の四〇パーセントがまだ農業で生計を立てていました――自給自作農として。私たちの思考パターンはこの時代のものなのです。これを変えなければなりません。

ロットハウス：無条件のベーシック・インカムというあなたの理念はどのようなものですか？

ハードルプ：現在多くの社会給付制度があります。児童手当、失業保険、年金保険などです。ベーシック・インカムの理念は、これらの諸々の制度を一つに統合し、各人に無条件でベーシック・インカムを保証しようとするものです。

ロットハウス：具体的にはどうなりますか？

ヴェルナー：各人にベーシック・インカムが支給される、そして支給額は年齢によって段階を設ける、というのが基本的な考え方です。最高支給額は三五歳から五〇歳の間になるでしょう。その後はふたたび減額されます。一八歳未満の未成年者については、親権者が彼らに代わってベーシック・インカムを受給し、適宜用立てることになります。

ロットハウス：ベーシック・インカムは社会にどのような影響を及ぼすとお考えですか？

ヴェルナー：今日大部分の被雇用者はほんとうにやりたい仕事をしているのではなく、収入を得る場としての職場を確保することだけを考えて生活するという不幸な状態にあります。もし収入面でそれが許されるならば、彼らはとっくに別の仕事に専念していることでしょう。生活の糧を得るために不本意な仕事を続ければ、それは心理的な歪みや鬱病をひきおこします。要するにこれは、生きることの尊厳が損なわれているのです。ベーシック・インカムを保障することによって、このような状態を回避することが可能になるでしょう。さらに考えていただきたいのは、年金受給年齢に達しても、確実な収入を得る権利があるという安心感を持てることです。結婚生活あるいは同居生活が解消されたとしても、ベーシック・インカムがあれば、すべては今よりずっと容易になるでしょう。私たちは現在とは異なる社会環境で生活することになるのです。

ロットハウス：そうしますと、ベーシック・インカムは、就業、非就業の如何にかかわらず全員に支給されるのですね？

ヴェルナー：そのとおりです。公民全員が自身のベーシック・インカムを手にします。さらにそれに加えて、自由に働いて収入を上乗せすることができます。

ロットハウス：あなたのベーシック・インカムのモデルは、現在の稼得労働と、労働と所得との完全分離との間の妥協案ということになりますか？

ハードルプ：そのとおりです。ベーシック・インカムは、暗礁に乗り上げた「労働＝所得

＝関係」を緩和することになる最初の一歩なのです。この基盤にたって、労働と所得をますます明確に分離する方向に進めることが可能になります。ベーシック・インカムはまだ労働と所得との完全な分離ではありませんが、そこへいたる道を開くものです。

ロットハウス：ベーシック・インカムの財政的な裏づけについては？

ハードルプ：私たちはすでにいわゆる社会給付制度において年間七二〇〇億ユーロを支出していますが、これを配分するために、現在優に一〇〇〇億ユーロを超える管理コストがかけられています。この管理コストの約半分は節約可能です。たとえばあなたがこの約八〇〇〇億ユーロを八〇〇〇万〔ドイツの人口数〕の市民に分配するとすれば、各人の月あたりの受取り額は八三〇ユーロ以上になります。ベーシック・インカムをどの程度の額にするかについては、社会的な合意の問題でしょう。

ヴェルナー：私たちの理念の第二の柱は、ベーシック・インカム相当額を消費税によってまかなうことです。他の税は、所得税も含めて、すべてなくなります。この方法はまったくもって簡単です。お金を支出するときに、税金を払うことになるのです。

ロットハウス：種々の税がなくなることによって、ドイツの企業は税負担が軽減されて、その結果企業ははるかに安価に生産できるようになるわけですか？

ヴェルナー：企業の価値創造成果と投資は、消費課税によって軽減されるでしょう。今日、投資は税制のために歪められています。たとえばそれは、多くの租税軽減措置の対象となった廃墟に見てとれます〔企業が税法上の減税特典を狙って無用な設備投資をする結果、放置された新設工場が廃墟の観を呈することから〕。これは経済的な理性によって生じるのではなく、節税への狂気から生まれるのです。消費税の場合には、このようなことはもはやありえません。ドイツは投資天国になるでしょう。企業家は租税コストを節約できるし、それに応じて正味価格は下がるでしょう。

ハードルプ：消費税の導入は輸出の負担軽減につながるので、わが国の国内生産性を向上させます。そして、輸入品には国内生産の財とサービスと同様の負荷がかかるでしょう。

ロットハウス：つまり輸出は有利になるわけですね？

ハードルプ：ええ、そうです。現在私たちは、私たちの社会スタンダードを製品価格に反映させて輸出しているわけですから、高いのです。たとえ小さな発展途上国でさえ、私たちの製品を買う場合には、私たちの社会スタンダードが反映された価格を支払うことになります。グローバルな観点からすれば、これはとにかく不公正《アンフェア》です。

ロットハウス：このような消費税あるいは付加価値税は非常に高率にならざるをえないでしょう。そうなると、物価は跳ね上がるのではありませんか？

ヴェルナー：市民の税負担は、所得税から消費税へとシフトすることによって高くはならず、原則的に同じままです。というのは、すべての税は、企業レベルでの所得課税を含めて、今日すでに商品価格のなかに隠れて含まれているからであり、すでに消費者によって支払われているからです。これがより透明になるだけの話です――現在、国家支出比率は、社会保険料の負担分を含めて、国民総生産のほぼ五〇パーセントになります。

ロットハウス：あなたは、私たちの今日の税制は過去をそのまま引き継いだものであると述べておられますね。

ヴェルナー：付加価値税は別として、現在の税制は、自給時代に由来するものです。当時はそれで正しかったのです。仮にあなたの農場が日当たりの良い南斜面に位置しているとすると、あなたは、北斜面に畑や土地を所有する農夫よりもより良い前提条件を持つことになります。それゆえ、もっとも良く自給が可能になる者は、社会のためにもっとも良く貢献すべしというわけです。これが所得税査定の発端です。今日私たちは相変わらずこの方式を用いており、その結果、分業体制という条件下で他者に利益をもたらす仕事に課税されているのです。これはバカげています。なぜなら、私が他者の労働の成果に依存しているのに、どうして私はそれにブレーキをかけるようなことをしなければならないのか？

所得税から消費税への転換は、大変換を遂げた生産関係の必然的な結果なのです。

ロットハウス：税の公平性に関してはどうでしょうか？　全員に同一の付加価値税率を課せば、富裕者は相対的に負担が軽くなるのではありませんか？。

ヴェルナー：富裕者は貧困者よりも多くの実質的な財とサービスを必要としますから、より多くの消費税を支払うことになります。たくさん消費する者は、たくさん税を払う――場合によっては、奢侈税の形でより高率の税を導入することも考えられます。

ハードルプ：本来、消費税をもってして初めて、現在の所得課税制度にあっては夢にすぎない税の公平性が実現するのです。所得税は公平ではありません。なぜなら、税を負担する者たちがこの税を実際に負担しているのかどうか私たちにはわからないからです。それは理論上の、紙の上での公平です。あなたが企業家だと仮定しますと、あなたはご自分の企業活動から生じる諸々の税を価格に上乗せするでしょう。その結果、税金はみな消費者が負担することになるのです。根本的にみて、ドイツではすでにたしかに一種の消費課税が存在していることになります。なぜなら、さもなければ経済的に立ち行かないからです。

ロットハウス：そうしますと、富裕者が所得から消費支出する割合は、貧者に比べて小さくなりますね。それでは結局、金持ちの税負担は軽くなるのではありませんか？

ハードルプ：富裕者は、たとえ彼の消費支出の割合が貧者より少ないとしても、それでも〔絶対的には〕より多くの税負担をすることになります。というのは、実際にこれが意味するのは、富裕者はさしあたり自分の収入の一部を貯蓄したとしても、後の時点では――つまり、彼がそれを消費するときには――消費税を払うことになるからです。もし彼が自分の所得を貯蓄してまったく消費しないとすれば〔つまり、貨幣を蓄蔵すれば〕、それは彼が自分の成果に対する代償を拒絶することを意味します。それは事実上他の者たち全員を益することになるでしょう。

ロットハウス：誰もがベーシック・インカムを得るとなると、経済活動意欲の減退につながりませんか？

ハードルプ：経済活動意欲という言葉を用いるとき、その背後にはいかなる人間像が考えられているのでしょうか？　私たちはイニシアティヴという言葉を用います――それは他者によって操縦される意欲とは正反対のものです。

ロットハウス：むしろ実際にどうなるか、のほうが問題ではありませんか？

ヴェルナー：私は多くの人びとに、ベーシック・インカムが導入されたとして、それでもなお仕事をするかどうか質問しました。これまでのところ、尋ねたひと全員から「もちろん働く」という断固たる回答を得ています。それなのにどうして人は他者の決断を認めたがらないのでしょうか？　私たちの今日の社会の問題は、たいていの人びとが自分自身については肯定的な評価を下すのに対して、他者に対しては自身とは異なるイメージを持っていることです。

ロットハウス：そのようなベーシック・インカムはドイツ単独で導入できますか？

ヴェルナー：ドイツは一九六八年に他の諸国とともに付加価値税導入のパイオニアとなりました。その後、付加価値税を導入する国々は増加し、その間にヨーロッパの諸国では私たちよりも高率の付加価値税になっています。たとえば、スウェーデンとデンマークでは二五パーセントです。

ハードルプ：スウェーデンではすでに一種のベーシック・インカムを実現しています。しかも、経済は活況を呈している。

ヴェルナー：変革はもちろん一朝一夕に生じるものではありません。しかし今、私たちは開始できるのです。徐々に所得税を引き下げると同時に、徐々に消費税を引き上げて、無条件のベーシック・インカムを導入する。当面はたとえば、現在の「第二種失業保険」〔従来の失業救済金と生活保護手当を一本化したもの。本書一八〜一九頁の「ハルツ4」の訳注を参照〕支給額の水準で。人はつねに指標となる北極星をみつけ、意義深い目標を設定して、そこへ向かって進んでゆかねばなりません。

ロットハウス：このように大きな構想がいったい首尾よく進捗するかどうか、懐疑的になることはありませんか？

ハードルプ：物事を懐疑的に見ることは悪いことではありません。しかし、けっして勇気を失ってはなりません。ラディカルに考えなければならない。しかし、一歩一歩着実に歩を進める。そうでないと、停滞してしまいます。つねに革新のプロセスを追求し、つねにアイデアを出し続けなければならない。さもないと、教条主義的な見方がつくられ、それによって現実は圧殺されてしまいます。共通認識にもとづく合意によって、社会的な判断が形成されねばなりません。さもなければ、そもそも何かを実現することは困難です。

ヴェルナー：私の会社のモットーは、「粘り強く努力して、成果を期待するのは控え目に」という原則です。ベーシック・インカムの理念についていえば、こうなりましょう。私たちにとってはものを考える人びとが頼りなのですが、彼らが私たちの努力に関心をもってくれるならば、物事は成就するであろうと。

（本書一八〇頁以下の異議と回答をも参照されたい）

第二章　ベーシック・インカムの効果について——論考とインタビュー

不安の報酬

オートメーションと進歩が、頭脳労働と資本主義が職場を壊滅させる。それならそれで結構。別のやり方がある。

ヴォルフ・ロッター（経済マガジン『ブラント・アインス』、二〇〇五年七月号）

一　対策

今日パラダイスを信じない者は、天国に行くのではなく、アイデルシュテットに行くことになる。アイデルシュテット――ハンブルク市の北西にあるこの小市民的な市区では、ますます意義のなくなるものがいまだに尊重されている。稼得労働が絶対的な意味をもつ社会における最終的勝利を得んものと「最後の戦士」たちがたたかっている。そこでは、稼得労働である。失業者は、目下は機能喪失状態にあるとはいえ、全ドイツ人の労働共同体の一員であるから、祖国の命運がかかっている労働を忘れてはならない――それがいかなる犠牲をともなおうとも。

　ある失業者は次のように語る。「最初に私たちはみな作業服を与えられた。ブルーのサロペット（胸当て付ズボン）と上着で、そこには大きく『ＨＡＢアイデルシュテット』と書かれている。ＨＡＢというのは、『ハンブルク雇用創出』という意味だ」。作業服が必要だと説明するのは、連邦労働エージェンシーの担当官で、この連邦労働エージェンシーは、年間予算五八〇億ユーロで約五〇〇万人の「顧客」――最近では、失業者はこう呼ばれている――を管理している。要するに、市民たちに、ここで何かがおこなわれていることにすぐに気づいてもらおうというわけだ。しかし何を？　それは他の多くのもの同様にまだはっきりしない。これこそ、現代の社会福祉国家の弁証法と呼べるだろう。一ユーロジョブ従事者に対しては、*訳者解説 将来の配備に備えて訓練が施されねばならない。彼らは、室内で訓練を受けるにもかかわらず、「いざというときに備えて」まず分厚い作業服が支給される――「今のうちから仕事着に慣れておくためである」。順応はそもそも労働生活の最重要事項なのだ。だから、四〇歳から五五歳の失業者たちはすでに朝の六時にはここに押し寄せてくる。朝のアピールである。仕事《ジョブ》はまったくないし、あったとしても、有意義なものはない。その代わりに、担当官は職業訓練用の石膏ボードを立てさせて、その上に、将来一ユーロジョブに従事する可能性のある者たちに、あるときは青の、あるときは白のペンキを塗らせる――薄い石膏ボードがペンキの重さに耐え切れなくなるまで。別の壁では、失業者たちがタイル貼りの訓練をしている――陶製《フ》タイル《リース》を貼る。壁がタイルで埋め尽くされると、今度はタイルをバリバリと剝がす。一人の女性は、裁ちばさみで敷物を小さく切り刻んでいる。刻まれた細片は屑袋に入れられる。一日の終わりに、作業に対する感謝として、ささやかな希望が持ち出される。担当官は、ひょっとすると間もなくいくつかのまともな仕事《ジョブ》があるかもしれない、と言う。あるいはひょっとしたら。

すでに述べたように、これらすべては精神科の作業療法としておこなわれているのではない。アイデルシュテットの労働訓練キャンプの多くの者たちには子どもがいる。その子どもたちはやがて同じような措置を受ける可能性が高い。彼らにはみな家族があり、友人がいる。もはやないものを持とうとすることは、いかなる代償を払うことになるのか？アイデルシュテットや他の場所でその代償は明白だ。人間の尊厳である。

＊ちなみに日本の厚生労働省は、「二〇〇四年～二〇〇五年海外情勢報告」において「一ユーロジョブ」を「労働機会提供」として紹介している。「各種給付を受領しつつ、就職しない者を早期に労働市場へ参加させるために導入された制度。労働習慣がなくなった長期失業者に対して、僅少ながら手当を与えて就業経験をさせ、失業状態から脱却させることが目的。主に市町村での福祉の作業などに従事。なお、失業給付II〔本書では第二種失業保険〕を受給する二五

歳以下の若年失業者がこれを拒否すると、最悪の場合、失業給付の全額の支給が停止される」。
(http://www.mhlw.go.jp/wp/hakusyo/index.html)

二　労働の嘘

『ウォルト・ディズニーの愉快な物語シリーズ』に登場するダックバーグ出身のダック家の面々をめぐる物語は、混乱した社会のすばらしい風俗画である。これらのお話に登場する三匹の賢い頭脳の持ち主たち——これを否定する者があろうか？——は、悲惨な体制維持者であるドナルド・ダックの甥にあたるヒューイ、デューイ、ルーイである。

彼らが首尾よく切り抜けねばならないほとんどあらゆる冒険において、彼らは正しい解決を見出す。これら三匹の若いアヒルたちはたしかに怠け者ではない。だが、彼らには労働と活動の区別、すなわち、退屈なルーチン・ワークと創造的な問題解決の区別がつかない。彼らは自己決定を下せるエリートであって、そのことをじつに明確に表現することができる。「労働の何たるかを知っていて、そこから逃げ出さない者は、バカだ」というのが彼らのモットーである。

このような姿勢をもってすれば、三匹の思春期のアヒルはこのドイツにおいては年をとることがないだろう。「社会的《ゾツィアール》というのは、労働をつくりだすこと」とＣＤＵ（キリスト教民主同盟）は主張し、SPD（社会民主党）にとっては、職場がドイツでもっともすてきな場所である。九〇年同盟／緑の党は、「兄弟よ、陽気に仕事にゆこう」と歌い、FDP（自由民主党）は、「労働がふたたび割りの合うものにならねばならない」と駄々をこねる。左翼党までもが、「労働こそ国を支配するもの」と言って、このイデオロギー的混乱の輪に加わる〔左翼党は、旧東ドイツの「ドイツ社会主義統一党」の後継である民主社会党と、SPDを離脱したオスカー・ラフォンテーヌを中心とする最左派とが結成した政党連合で、二〇〇五年の連邦議会選挙では約八パーセント（五四議席）の得票を得て、第四党の地位を占めている〕。

このスローガンによって、このネオ・スターリニストたちは——彼らの意図に反してはいるけれど——真実にかなり近づくことになる。すなわち、労働なくして、国家もなければ、社会もない。したがって生命もない——これが、政治的心理学の最後の共通点なのだ。

完全雇用への復帰という常套句からしてすでに茶番《ファルス》である。ほぼ二〇〇年来続いてきて、疑いなくいつの時代にも大部分の被雇用者を生み出してきた産業資本主義のどの時点をとってみても、完全雇用に近いと言えるような時期は、いくつかの短期間の例外的な現象でしかなかった。労働熱中症患者たちが考えているのは、一九五〇年代初頭から六〇年代末までの時期である。それは、今日にいたるまでこの社会の不動の目標として呼び出されるあの時代、つまりドイツの「経済の奇跡」(高度経済成長)といわれる時代だ。ただし、この「経済の奇跡」下で高度成長と完全雇用がもたらされたのは、六〇〇〇万の死者、つまり第二次世界大戦の犠牲者がいたからである。

実際すべてが新たに建設されねばならなかった敗戦後のドイツでは、――特に男子の労働力が十分ではなかった――多くの労働力が必要とされた。そこに疑問の余地はない。しかし、まったくの平時に完全雇用があったためしはない。通貨改革と神話化した「経済の奇跡」の考案者ルートヴィヒ・エアハルトは、はや一九六六年に連邦首相職を退かねばならなかった。ドイツ連邦共和国の歴史上初めて、国内総生産を上昇させることに失敗したからである。一九四九年以来根絶されたとみなされていた失業が〇・七パーセントに上昇したのである。

それ以来、現実をかたくなに無視する全党一致体制が支配している。これを「沈黙の誓い」と名づけたのは、当時のSPD連邦院内幹事ペーター・グロッツである。グロッツは八〇年代に、この沈黙を破った体制派の最初の代表者の一人である。彼が「三分の二社会」というテーゼで言わんとしたのは、現代の経済の驚くべき生産性向上を達成するには、ますます少数の人間しか必要とされないだろうというものだった。「残りの者たちは、ゲームに加わることができないか、その意思がない。彼らは、資産、遺産、生活保護、もぐりの仕事、祖母の年金などで生計を立てている。要するに、彼らはなんとかやりくりして困難を乗りこえているのだ」。かつてのSPDの先駆的な思考の持ち主のテーゼは、今日その正しさが証明されている。すなわち、一五〇〇万強のドイツ市民は、グロッツが描写した状況のなかで生活している。そのうちの三分の一は失業者として登録され、残りの者たちは、貯金を取崩したり、臨時仕事やもぐり仕事でなんとかやりくりしており、その総額は国内総生産高の五分の一弱にのぼる。グロッツに言わせれば、完全雇用についてのおしゃべりは、「無意味な与太話」以外のなにものでもない。

三　骨折り

見たところ、労働の世界には何もない。労働、正確には稼得労働は、古代の思想家には最悪の部類に属するものとみなされていた。今日ふたたびそうなっているように、人びとは労働と活動を区別していた。労働とは剥出しの生存を確保するもので、生きるためにそうせざるを得ないという必要性に発していた。

これに対して、活動は、それが特別な成果と努力を必要とされる場合であっても、人間が好んで自発的におこなうものだった。古代ゲルマン人にあっては、僕《しもべ》と労働をあらわす言葉は同一で、「オルブ」と言われた。英語の「レイバー」(labour)はラテン語の「ラーボル」（labor）に由来する。「フーボル」とは、「労苦」を意味する。パウロが、「働きたくない者は、食べてはならない」〔新約聖書、テサロニケの信徒への第2の手紙3章10節〕と告げてからは、日々の労苦が義務となった。六世紀に、ヌルシアのベネディクトゥスは、教会史上もっとも有力なベネディクト会修道士の教団を設立した。この教団のモットーは、「オーラ・エト・ラボーラ」、すなわち、「祈れ、そして働け」であって、その他には何もない。それ以来じつに多くの世紀を経る間、西洋はこれに頼って成功をおさめてきたのである。だが、キリスト教のあらゆる誓約にもかかわらず、産業化の時代が到来するまでは、稼得労働は人間生活の中心ではけっしてなかった。支配階級が怠惰に耽っていたことは当然のこととしても、一般の庶民もまた、あらゆる伝説にもかかわらず、狂ったようにあくせく働いていたのではない。中世には、少なくとも年間に五〇日の厳格に定められた無労働日があった。たとえば収穫期のようなきつい労働時期の後には、かなり長期間にわたってごくわずかな労働しかなされなかった。

産業化はこのような状況を一変させた。一八三〇年から一八六〇年にかけての、野放図な新しい経済の最初の年月には、一日の平均的な労働時間は一四時間から一六時間、週当り八五時間になった。さらに、しばしば数時間にもなる通勤時間が加わった。最大で週四八時間の労働時間の法的規制が導入されたのは、ようやく第一次世界大戦後のヴァイマール共和国時代になってからである。国民社会主義者《ナチス》たちはふたたびあらゆる制限を撤廃したので、彼らが政権に就く一九三三年以前の状態に復したのは一九四八年になってのことである。六〇年代には、たいていの労働協約で週四〇時間労働の取決めがなされた。

この時期に、生活全体を規定していた労働社会は根底から変わり始めた。産業国家では、サービス産業部門における就業者数がはじめて工業部門のそれを上回ったのである。二〇〇〇年になると、ドイツの製造部門は、五〇年代末の農業生産よりも大きな比重を占めることはなくなった。すなわち、なんらかの製造部門に従事する者の割合は、就業者全体の三分の一弱しかいなくなった。現実の変化は意識よりもはるかに先んじており、このことは、私たちが労働と考えていることにもあてはまる。労働とは、せっせと、あくせく、身を粉にして働くことであるという神話は依然として生きている。国民が勤勉であればあるほど、ますます国は成功をおさめる、と私たちは信じている。しっかり働くこと、そうすればすべてはよくなる。少数の者についてはそう言える。だが、大多数の者にとっては、それはもはやあてはまらないのだ。

四　「新しい労働」とは何か？

産業主義は労働妄想の原因である——いわばそこに完全雇用社会という避けられない結

末の核心がある。あらゆる生産性向上の目標は、より少ないコストでより多くの成果を上げることであり、物理学者たちもこれを「仕事《アルバイト》」と呼んでいる。オートメーションは集中的な熟慮の結果なのだ。したがって、頭脳労働者が努力を重ねれば重ねるほど、肉体労働者は汗を流す部分がますます少なくなるのは論理的な帰結である。これは、頭脳労働者あるいは知識労働者がほとんどつねに、製品の開発および生産においてどのプロセスがなお改良しうるかを考えていることによる。このことは、単純な観察によって容易に追体験することができる。単調な肉体労働（および単純な精神労働）が機械やシステムによって置き換えられる部門では、たとえば情報・通信工学分野では、オートメーションによる作業方法の構築者はとりわけ集中して全力を傾ける。そこでは一四時間労働も当然とみなされているが、これはすなわち初期産業時代の五世代前のプロレタリアートに要求された労働時間なのである。

これが現実の「新しい労働」、つまり、肉体労働あるいは型にはまった労働に取って代わる活動である。発展した生産部門、バイオテクノロジー、その他のオートメーション分野に存在するこれらの労働エリートは、二つの影を投げかける。一つは、彼らを労働の管財人として現出させる真の否定面である。しかし、第二の影の輪郭がぼんやりと浮かび上がる。すなわち、脇目も振らずに狂ったように働くことを模範とし、労働を高く評価する輪郭であって、それによって、古い労働社会の価値観が称揚される。つまり、このようにまったく計画どおりに、昔ながらの辛い労働に技術、進歩、頭脳労働によって終止符が打たれると、もはやあくせく働く必要のなくなった者たちはみなしょっちゅう良心の呵責を覚える。分裂症的な現象が目につくのは、変革と転換の時代には避けがたい。

成果の担い手から成果の受け手への移行は流動的である。すでに九〇年代に、経済史家のヴォルフガング・ラインハルトは、「成人後の人生で、労働に費やされるのは二五パーセントにすぎない」と述べていた。つまり、男女を問わず、働こうと思えば身体的かつ精神的にそれが可能であった人びとは、統計的な平均値でみると、今日まで非常に重要な市民権と理解されてきた稼得労働に彼らの人生の四分の一の時間しか費やしていないことである。

この現実は頑なに無視されている。そして、将来、労働の必要性が減少することにともなって、労働の持つ意味も減少するという結論は、既成勢力《エスタブリッシュメント》によって否認される。その素朴な理由は、権力である。雇用したり解雇したりできる者は、他者の生活を支配しているのだ。

さらに大きい権力を有するのは、諸々の法律や改革によって支配のプロセスを司る政治家である。労働を創出する首相は強大な権力を持ち、労働を創出しない首相は役立たず、ということになる。

五　失業は成功

目下の状況で容易ならないのは、私たちがこの状況をつねに一面からしか見ないことである。すなわち、人間は稼得労働を持たなければ、人間とは言えない、という考え方だ。だが、労働社会の破綻は、資本主義の成功を意味している。ますます少ない稼働によってますます多くの成果を上げることを目標とする資本主義の能力が失業を生み出すのである。私たちがこの事態を悲観的に見るとすれば、それは、私たちの現実的な勝利を認識していないがためにほかならない。

オートメーションは、禍福の福であって、禍ではない。その影響が古い社会システムではもはや受け入れられないとしても、オートメーションは甚大な成功の証なのだ。すなわち、古い社会福祉国家の源泉は労働であったが、労働が貨幣と交換されたのである。今日、労働はテクノロジーの進歩によってますます過剰になりつつある。収益と利潤は、私たちの労働を機械に肩代わりさせることによって生まれる。そこから正しい結論を導き出すことが、なぜそれほど難しいのだろうか?

「経済の奇跡」の時代には――一九四八年から一九六五年の間だけで――生産性はほぼ

三〇〇パーセント上昇した。特別な好景気は別としても、一九七〇年から一九九五年にかけて依然として生産性は二倍になった。これはすでに大量失業が問題化し、古い産業の大部分が破綻する以前に生じていたことであって、したがって、これでもブレーキがかけられていたのである。

じじつ、ドイツでは二六五〇万もの被雇用者が稼得労働に専念することはまったく不要なのだ。ロタール・シュペートとマッキンゼー・ドイツ支社の元経営者ヘルベルト・A・ヘンツラーは一九九三年にある試算をおこなった。もしドイツで技術的に実施可能なオートメーション潜在能力を完全に発揮させたらどうなるか、というものである。その回答は、失業率は三八パーセントが常態となろうというものだった。印象深いのは、一九九八年になされたヴュルツブルク大学の研究でも上記の仮説が確認されたことである。すなわち、銀行部門だけでもオートメーション化の可能性は六〇パーセント以上になるし、他の商業部門においても現在の雇用率の五〇パーセントを超える。これらと他の多くの部門では、オートメーション化が最大限に利用されるのは時間の問題にすぎない。完全雇用モデルに執着する権力者たちは、奇跡をあてにしているのだ。ワークシェアリングによって最悪のことが回避可能だという主張がなされるが、それは、ちょっと考えてみただけでもじつにバカげている。これは、まだ大部分の人間が工場で、簡単に習得できる単調な作業に従事していた過去においてさえ、ほとんど実現されなかったのである。しかし、労働が特に精神活動である場合には、つまり頭脳労働の場合には、ワークシェアリングがどのように機能するというのか？　まさか脳移植によってというのではあるまい。

六　刑務所に入る権利

この展開はすでに一〇〇年前に見通されており、解決のアイデアも用意されていた。一九一二年にオーストリアのエンジニア兼著作家のヨーゼフ・ポッパー＝リュンコイスの本が出版され、三〇以上の言語に翻訳されて、あらゆる国々の知識人たちの間にセンセーションを巻き起こした。そのなかでポッパー＝リュンコイスは、「一般的扶養義務」についての理論を展開した。その理論とは要するに、オートメーションによって得られた生産性向上の多くの部分は、全公民の基本保障のために役立てられるべきだというものにほかならない。お役所仕事にかける費用を最低限に抑えて分配され、もっとも基本的な生存不安を回避するために役立てられる、いかなる留保もない無条件のベーシック・インカムの理念は、たとえばアルベルト・アインシュタインを魅了した。彼は、「労働に対する権利」というのは、「刑務所に入る権利」以外のなにものでもないことを認識していた。

経済学者や社会科学の研究者たちは数十年前から、終焉を迎えつつある労働社会の予測しうる諸々の結果を全市民向けのベーシック・インカムによって緩和することに賛意を表していた。生活保護やその他もろもろの社会保障給付とベーシック・インカムとの相違ははっきりしている。すなわち、市民所得《ヴュルガーゲルト》とも呼ばれるベーシック・インカムは、何らの資格審査もなく、いわば無条件に全公民に与えられる。それは生存の確保に役立つ。それは給与のように支払われることによって、今日では社会福祉国家のひどい重荷となっている数多くの公共の施しに取って代わるのである。

　市民全員に金を支給するという理念をイデオロギー的に分類することは不可能である。アメリカの経済学者ミルトン・フリードマンはこのアイデアをすでに一九六二年に喧伝した。それは、一定の所得に達しない者は国家から決まった額を受取るというものである。この「負の所得税《negative income tax》」は全体の税収によって賄われる。これは古典的な社会保障制度であるが、アメリカ合衆国ではごく部分的に実現されたにすぎない。すなわち、年収一万二〇〇〇ドル未満のアメリカ市民は、負の所得税に相当する額を受領するのだが、ただしその受給資格として、コンスタントに稼得労働に従事している者という制限がある。しばしば「新自由主義《ネオリベラリズム》の父」と呼ばれるノーベル賞受賞者フリードマンの他に、フランスの哲学者アンドレ・ゴルツもベーシック・インカムの擁護者であることは良く知られている。長年にわたってジャン＝ポール・サルトルの同志であったゴルツは、リベラルな社会学者ラルフ・ダーレンドルフ卿とまったく同様に、ベーシック・インカムを次のように論拠づける。「全員に対して基本的な生活資金が保障されねばならない。社会は、そこから誰一人脱落することのない基盤を必要とする」〔ゴルツについては、本書二一二頁の「解題」の注記を参照されたい〕。

ベーシック・インカムの擁護者についていえば、左翼と自由主義者とではその動機に大きな隔たりがあるかもしれない。前者にとっては、ベーシック・インカムは、分配の首尾一貫した継続であり、市民であれば誰にでもその権利が認められる社会的配当である。他方、後者にとっては、合理化とオートメーションのダイナミズムを完全に利用しつくす可能性こそ重大事なのだ――いわば事態のなりゆきは野放図な自由に任せて、同時に社会保障関係の官僚的な事務を最小限に限定することである。なぜなら、ベーシック・インカムが一定の生活水準を保障するとなれば、生活保護、失業保険金、年金制度、児童手当が不要になるばかりか、これ以外の、現在総花的にばらまかれている無数の援助や助成金も不要になるからである。

七　市民の権利

フランクフルト出身の社会科学者ザーシャ・リーバーマン〔本書一五三頁以下をも参照

された い）は、「完全雇用の代わりに自由を」という運動の発起人の一人であり、この運動ではあらゆる専門分野の研究者たちが無条件のベーシック・インカムのための論拠をそろえている。リーバーマンは現在の状況をそれほど悲観的には見ていない。逆に現実は明るいものだと見ている。着実に条件整備がなされている、と彼は言う。その結果、エネルギーを消耗させる人間の生存不安と窮乏から、肯定的な解決への道筋がつけられる、と。

「失業というのは、巨大な成功の結果なのです。つまり、ますます少ない労働でますます多くのものを生産するというプロジェクトが成功したわけです。そして、そこから可能なかぎり多くの利益を得るのに私たちが必要とするのはただ一つのメカニズムだけだということはもうまったくもって明白です。私たちが若い人たちをどんな状況に追いやっているかをご覧なさい。若者たちにかかる重圧は、彼らが企てようとするあらゆる冒険の敵なのです。彼らは、あらゆる方面ですでにごく少数の者にしか残されていない稼得労働の職場を闘いとらねばならない、と訴えかけられます。それゆえ、彼らはいかなるリスクも冒そうとはしません。零落するのがこわいのです」と主張する。

リーバーマンが言わんとするのは、どうしたら古いシステムを引き続き財政的に維持できるかが問題なのではなく、肝心なのは、私たちがオートメーション化のとてつもない可能性を有効に展開するシステムをつくりあげることなのだ。何百億もの税金とあらゆるエネルギーを、完全雇用社会の維持をめぐる無意味な論争に向ける代わりに、万人のための社会的基本保障の基盤を拡充することのほうが緊急であろう。「これは、私たちが転換期において為すべきもっとも重要な課題なのです。そこでは、大枠の安全確保を唯一の任務とする、小さな、しかし強力な国家が成立する。そうなれば、もはや巨大な社会福祉行政は不要になるのです」。

リーバーマンは、八〇年代の左翼＝オルタナティヴのベーシック・インカム論争とは一線を画している。「もともと当時は、根本において我慢のならない国家というものから、ごく少数の者がいくらか余分の貨幣をせしめることだけが問題でした。私たちが無条件のベーシック・インカムを支給しうるための前提条件は、市民にとって何が良いかを市民各自が知っているということを受け入れることです。そして、そのためには、私たちはドイツではまず市民（シトワイヤン）を自立した行動をとる存在として把握しなければなりません」。

このことは、ベルリン自由大学の歴史家パウル・ノルテもしばしば好んで述べている。ただし、「緑の党」の保守派に属するこの歴史学教授は、無条件のベーシック・インカムのことを耳にすると、十字を切って、こう言う。「稼得労働は私たちの社会の根幹部分をなすものである」。増大する一方の社会福祉予算に取って代わるベーシック・インカムをめぐる論争は、彼にとっては「六〇年代の古い知識人幻想」なのだ。ノルテは、市民を信頼できない未成年者と見ている。市民がベーシック・インカムを基盤として特に社会的な活動に関与する、あるいは——生活の困窮から逃れて——人生におけるさらに多くのチャンスを探すであろうことは、彼には想像もつかないことなのだ。「人びとは、ベーシック・インカムを手にいれるほど文化的に成熟していない」、と彼は言う。彼が、住民の大部分は怠惰で、自分の意志を持たないと考えていることは疑いない。大衆は、せいぜいのところ、つねに新たなことを要求し、もっと多くよこせと言うにちがいない、というのである。

ノルテは、将来の勤労社会の新たな価値基準を打ち立てるに際して、信頼できるパートナーとなるのは圧力と強制であると考える。そのためには、現存の枠組みのなかで考え、これに服従するような準備が整えられねばならないことになる。「八—八—八の公式は歴史的にたしかに確証されている」。パウル・ノルテがここで語るのは、カバラの秘法や秘教的な数字の魔術のことではなく、産業社会の、つまり品行方正な昨日の世界の古典的な時間配分についてである。八時間の労働、八時間の自由時間、八時間の睡眠である。そして、これが毎日繰り返される。ノルテにとっては、これが「人類学的に見て論理的なこと」だと言うのである。

このような見解を有する歴史家ノルテは、ますますその数を増しつつある経済学者と対立することになる。経済学者は、消費に問題があると見るのではなく、消費に危機の解決を見ている。正確に言えば、あらゆる種類の消費に対して従来よりも高率の税を課すことである。ほとんどすべてのヨーロッパ諸国では、ドイツよりもはるかに高率の消費税あるいは支出税が導入されている。東欧から新たに欧州共同体に加盟した国々ではじじつ例外なく、労働と生産には、つまり価値創造の連鎖には低率の課税がなされる原則があてはまる。消費に対してはいっそう高率の税が課せられるが、この方式には多くの利点がある。

商品やサービスは、それが消費されるところで課税される。商品を生産する機械がどこにあろうと、いっこうに構わない。アイデアが日本から来ようと、アメリカからであろうと、そんなことは些細なことである。それに関与する資本家が租税天国にいようと、あるいは生産現場にいようと、まったくどうでもよい。課税されるのは、商品が買われたことであり、消費がなされるまさに今このときなのである。これによって、グローバリゼーションに反対するもっとも本質的な論拠は崩壊する。

同時に、消費税に基礎をおく国民経済は、オートメーション化の自由な展開を認めることがじつに有益になるであろう。資本主義は、ブレーキをかけられることなく生産することが可能になる、つまり、資本主義がなしうることをなすことが可能になるであろう。

ベーシック・インカムに対しては、再三二つの反論が持ち出される。第一に、高率の消費税によって消費にブレーキがかけられるのではないか、という疑問。しかし、資本税（資本に関連した法人税）や労働税（雇用に関連した法人負担分）がしかるべく軽減されるならば、他の諸国においては、消費の減退は見られない。第二は、ベーシック・インカム（「基本保障」あるいは「市民所得《ビュルガーゲルト》」とも呼ばれる）は収益労働モラルを破壊するのではないか、という反論である。しかし、収益労働モラルがそれほどあっさりと消え去る価値であるならば、実際にそれは主導的文化として役立つだろうか。

八　活動

先駆的な考えの持ち主で、最近亡くなったSPD（社会民主党）の政治家ペーター・グロッツは、八〇年代には無条件のベーシック・インカムに対するもっとも厳しい批判者の一人だった。当時彼が主に憂慮していたのは、「些細な、しかし確実なベーシック・インカムの受給者に対して、引き続き稼得労働に従事している者たちの側からの強い攻撃があるという厳然たる事実」だった。しかし近年は、彼は以前とは異なる見方をしていた。「ベーシック・インカムだけを当てにするひとはいないだろう。人びとはたしかに引き続き何かをおこなうだろう」と。だが、問題は残る、と彼は言っていた。「しかし、いかなる政党もそれをよしとしない。なぜなら、政党や組織団体の権力は労働に執着しているからだ」。

私たちの生存に唯一の意味を付与するものとしての労働についてのおしゃべりは、ラルフ・ダーレンドルフがすでに二〇年前に認識したように、「支配のツール」なのである。権力者にとっては労働が問題なのではなく、問題は彼ら自身、つまり市民の富を彼らに都合の良いように分配する可能性なのだ。それゆえ、権力者たちは労働の心配をしているのだ、とダーレンドルフは言う。「労働がなくなれば、労働界のボスたちは彼らの権力の基盤を失う」と。

九　警察の保護下で労働すること

だが、労働社会の基盤はとっくに崩壊している。というのは、すべてが現状のままだとすれば、私たちの間にはますます多くの失業者が二級市民の烙印を押されて生き続けることになるであろうからだ。失業者たちが古い分配システムから得るものはますます少なくなるであろう。彼らの生活は不確実で、いよいよ過酷なものになる。自分一人のことだけを考えればよい者でさえ、それが何を意味するかを知るべきである。「もはやほとんど何も所有していない三分の一の者たちが平穏を保っているかぎりは、現実的な問題はない」

とペーター・グロッツは述べていた。だが、それももはや長くはない。「私たちが現状を維持し続けるならば、社会の下層の三分の一を犯罪と混乱に追いやることになる。それは、わけても何かを所有している者たちにとっても居心地の悪いことになる。一〇年後あるいは二〇年後に、ジーメンス〔ドイツきっての国際的大企業〕で働く人びとが職場に向かうとき、彼らが〔失業者によって〕襲撃されることのないように、私たちは警察を動員して彼らを保護するつもりがあるだろうか?」。わけても重要なのは、稼得労働に従事する者たちの権利なのである。ベーシック・インカムを推進するもっとも重要な論拠は、モラルに発するものではない――それは、ほとんどエゴイズムといってもよい、つまり前進しようとする者たちの意思である。それゆえ今日、特に市場推進論者がベーシック・インカムに賛意を表明している。ベーシック・インカムは資本主義におあつらえ向きであり、市場にとって好都合だからである。

ライプチヒ大学の社会学教授ゲオルク・ヴォブルバはこの展開を好意的に見ている。彼はすでに七〇年代後半にベーシック・インカムに強く加担していて――そして、間違った陣営からの歓呼に腹を立てたことがあった。というのは、ヴォブルバによれば、ベーシック・インカムはけっして慈善的な、お人好しの企てではないからだ。「ベーシック・インカムをめぐる論争においては多くのことがとにかくモラルの観点から論じられる。もちろん誰にもベーシック・インカムを要求する権利などない——いったいどこからそんな権利が生ずるというのか？　私には別のことが重要なのだ。すなわち、ベーシック・インカムは、現に稼得労働に従事している者たちにどんな利益があり、そして企業にとっていかなる利益をもたらすのか、である」。

わかりやすいと思われる回答は、社会福祉関係の管理機構のコストが場合によると支払われる額を上回ってしまうこともあるお役所仕事を大幅に削減できることである。それに加えて、ベーシック・インカムは、マックジョブ〔サービス分野における低賃金で、特に技能を必要とせず、マニュアルにしたがって働く、将来性のない仕事の総称。オックスフォード英語辞典によれば、一九八六年のワシントン・ポストの記事が初出〕や臨時労働がまったく通常の、完全に社会福祉的観点に即した活動になりうる基盤を提供することになるかもしれない。

一〇　真の労働市場

ヴォブルバにとって、答はこの近年さらに明瞭になった。「ベーシック・インカムは変革のためのかなり意義深いツールである。人間は、物質的な裏づけが与えられると、彼らに定められた限界を超え出るように促されるものである」。このことは、グローバリゼーションの時代には以前よりも強く作用する、一二〇年にわたって資本主義と社会福祉国家は互いに馴染んで折り合いをつけてきたのだから、と彼は言う。

「社会福祉政策は特に、ジョブ、資本主義、市場からそれらの経済システムにふさわしくない課題を取り除いて、負担を軽減してやらなければならない。私たちの経済システムは、効率的な生産に、万人の利益になる技術的進歩の創造にきわめて適合している。しかし、分配の問題を解決することは得手ではない。市場と社会福祉問題は、相互補完的なシステムとして全体を形成する別物であって、両者を混同してはならない」。

一つのシステムは結局他のシステムによって生かされるのであって、一方は他方の負担を軽減するのである。「能力のある者は、全面的に自身の仕事に集中することができる。一方、ベーシック・インカム受給者は援助を求めて右往左往する必要はなく、彼らが望むならば、労働市場の名に値する市場に参入することができる」。効率の向上は、とりわけ社会福祉において大きな役割を担う例の要因、すなわち、モラルの存続を確保することに寄与する。人間の尊厳はまた、「私は他者のために何をなしうるか？」という労働の法則が意義ある職場と結びつくかどうかに、つまり労働の市場性にかかっている。

今日長期失業者が連邦労働エージェンシーの執務室やその他の場所に見出すものは、市場とは何の関係もない。「市場というものは、供給者と需要者とが広く同等の力関係にあることによって成立する。今日このようなケースがどこにあろうか？」」。たとえば、現在の第二種失業保険金レベルのベーシック・インカムがあれば、もはや求職を続ける気のない者は、この人為的に過熱された、一面的な市場に別れを告げることもできる。他方、稼得労働によってもっと収入を増やそうとする者には、より良いチャンスがあるだろう。ヴォブルバはこれを「平等の闘争手段」――しかも、万人に役立つものだ――と呼ぶ。「私たちが必要とするのは、完全雇用社会というドグマの除去だけではない。私たちは私たち自身の心的状態を打破しなければならない。社会が崩落するのを防ぐことは、平穏な社会の形成に役立つと同時に、経済に息を吹き込むことになるのだ。

一一　理性の値段

残された問題は、コストである。現在法的に定められた最低生活水準――年一人当たり七六六四ユーロ〔二〇〇七年現在の為替換算で約一一五万円〕――を最低限所得として保障するだけでも、八二〇〇万の全国民では総額六二〇〇億ユーロという莫大な額になる。この額は、国家がかき集める税収よりも約二〇〇〇億ユーロ多い。一見すると、これはまったく調達不可能に思われる。だが、ドイツの社会福祉関係予算の総額は今日すでに年に七二〇〇億ユーロにのぼっているのである。そこから健康保険のための経費を差し引くと、長期的にベーシック・インカムに置き換えることが可能な額として五八〇〇億ユーロが残る。そして、現在稼得労働に従事している者たちがすべて今後も同様に働きたいと思えば、むろんそれは可能だから、その場合には彼らはベーシック・インカムの潜在的な受給者にすぎないことになる。ただし、すべてが現状のままであるべしという前提では、ことは進まない。

年に一人当たり七六六四ユーロ――これよりもいくらか多いかもしれないし、いくらか少ないかもしれない――は、いずれにせよパラダイスではないし、パラダイスの一片でさえないかもしれない。しかし、人間は苦しむことによってのみ何者かになり得るという古い迷信から抜け出すための大きな一歩であろう。

このドグマがいかにバカげているかを知っていたのは、ヒューイ、デューイ、ルーイだけではない。すでに一八八〇年代に、カール・マルクスの女婿でポール・ラファルグという人物が『怠ける権利』という賢い小冊子を書いている〔この本はヨーロッパ諸国での労働時間短縮運動に大きな影響を及ぼしたとされる。邦訳は、『怠ける権利』田淵晋也訳、人文書院、一九七二年〕。そこでラファルグは、労働に対する権利を要求することしか眼中にない彼の同僚たちの愚かさを痛烈に批判している。そして、彼は、働こうとしない者に食べる権利を認めない善良なキリスト教徒に痛棒を食らわす。「エホバ、鬚を生やした不機嫌な神は、崇拝者たちに理想的な怠惰の荘重な実例を与える。彼は六日間の労働を終えると、永遠の休息をとるのである」。ラファルグはさらにこう続ける。「プロレタリアートは、（……）労働のドグマに誘惑されてしまった。彼らが受けた折檻は冷酷で恐ろしいものだった」。

ラファルグが死んだ七〇年後に、イギリスの数学者バートランド・ラッセルは、エッセイ『怠惰への讃歌』のなかでポール・ラファルグの思想をとりあげている。「近代の生産方式にともなって、万人が快適で確実に生活できる可能性が与えられている。これまでは私たちは依然としてまだ機械のなかった時代と同じように勤労意欲に満ちあふれている。これはひどく愚かなことだ。しかし、私たちはいつの日かもう少し賢くなるべきではなかろうか？」

労働万歳？　いや、そうではない。未来思考万歳！　である。

労働市場と社会保障政策の分離

トーマス・シュトラウプハールとドリス・クライナウ＝メッツラーとの対談（『ア・テンポ』二〇〇六年三月、七五号）

多くの人びとがドイツの経済状況を不安な眼差しで見ている。失業率は依然として高く、経済成長は鈍いからだ。ますます高年齢化する社会において、失業、病気、年金などの基本的な社会保障の将来が多くの問題を投げかけている。コンビローン（緊急雇用促進制度。失業者が低賃金労働に従事する場合、社会保険料や育児手当の助成を受ける制度で、一部で実施された）やベーシック・インカムのような構想が議論されている。ハンブルク世界経済研究所（ＨＷＷＩ）の所長を務めるスイスの経済学者トーマス・シュトラウプハール教授（一九五七年生）は、市場経済の観点からこれらの問題に取り組んでいる。教授はまた、労働市場を需要と供給を備えたダイナミックな市場にするために、システムの変換、つまり労働市場と社会保障政策の明確な分離を支持する。彼は、これと全住民のためのベーシック・インカムとを結びつける。

クライナウ＝メッツラー：あなたが経済研究に携わるようになったのはどのようないきさつからですか？

シュトラウプハール：中学校時代もっとも好きな学科は歴史でした。そこから経済と歴史の関連に対する関心が湧いたのです。ドイツ文学においても、人間はどのように生きてきたのか、人間はどんな問題を抱えていたのかということにとても魅了されました。たとえば、ゲルハルト・ハウプトマンの『職匠』〔ハウプトマンの代表作の一つで、一八四四年のシュレージエン地方の職工の反乱に材をとった戯曲〕や大商人の家族の生活を描いたトーマス・マンの『ブッデンブローク家の人びと』です。これらの歴史的な傾向に基づいて、私は多くの事象をどちらかというと長期的な文脈において見ていますし、今日では、民主制、法治国家制、市場経済、これらにかかわる政治的・社会的・経済的な諸制度の相互作用に関心を持っています。

クライナウ゠メッツラー：その相互作用に関して、何が基盤になるとお考えですか？

シュトラウプハール：われわれ人類が楽園を追放された後、人類の問題は原則的に、私たちは持ちたいと思うものすべてを持つことはできず、そのために努力しなければならないということでした。そこから、単純化されて、次のような行動パターンが展開されました。すなわち、努力せよ、そうすれば収入が得られて、それで欲しい物を買うことができる、というものです。そして、売りに出される種々の財は、道徳的・社会的な価値とは別に、その財を支払可能な価格で購入する顧客を見出してはじめて価値を持つのです。パンを焼いて陳列棚に並べるパン屋、あるいは、会社を設立して誰かからの依頼を待つ若い人たちは、ものすごい勇気の持ち主なわけです。というのも、さしあたり彼らが売りに出すものは、〔誰かが買わないかぎり〕何の価値もないのですから。

クライナウ゠メッツラー：需要、つまり消費が、循環を開始するわけですね。その際、国家はいかなる任務を持つのでしょうか。国家は、個人、つまり弱者が破滅しないようにすべての面で指導しなければならないのですか？

シュトラウプハール：自由な社会、全体としての経済は指導されえないものです。国家の指導に関しては、結局は計画経済の失敗が示すように、成功した歴史的なモデルはありません。たしかに現存する諸問題を解決するためには、机上のプランを立てて「このようにしなければならない」と言うことはできないのです。人間行動の信じられない複雑さ、しかもそれは何十億もの形態をとって出現する――これを基盤として、試行錯誤をともないつつ、その時々の社会的需要に対応する問題解決のための何かが生まれるのです。

クライナウ＝メッツラー：しかし、「消費＝生産＝関係」は今日すでに、パン屋のケースのように直接的であることはまれであって、独占企業やコンツェルンが価格を決定しています。すべてを自由なパワーゲームに委ねたままにせよとおっしゃるのですか？

シュトラウプハール：いいえ、そうではありません。規制がなければ、うまくはゆきません。私たちは法律とモラルを連携させねばなりません。そう考えますと、聖書の十戒はモラルの問題だけにとどまらず、人間生活を律する、信じられないほど理性的な規制であって、この規制は、各個人の生活が最善のものとなるように考えられていると私には思われます。

一方では、自由な経済プロセスをブロックする市場権力と独占を阻止するために、規制は重要です。他方、私たちは社会的なテーマのための余地を確保することが重要です。これを私たちは遂行できるし、遂行しなければならないのです。

クライナウ＝メッツラー：「社会的なテーマを遂行できるし、またそうしなければならない」というのはどういう意味ですか？

シュトラウプハール：人間は、一定の基本保障があれば、より満ち足りた生活を送ることができるし、犯罪も少なくなります。自分の家の前で他の人間が飢えていれば、人間は敏感に反応します。なぜなら、私たちは、私たちの心の奥底にひそむ人間的な価値と感情において、他者の悲惨を拒絶するからです。これに決定的に寄与したのは、キリスト教、ヨーロッパの啓蒙主義、そして、封建的な社会構造から民主主義的な機構への移行です。総じて、長期的に見れば、啓蒙された民主主義体制においてうまくゆかないことはない、と私は考えています。

クライナウ＝メッツラー：しかし、現在ドイツでは失業率が約九パーセントになっています。このような状況の背景と将来の展望をどのように見ていますか？

シュトラウプハール：ドイツの再統一は、政治的にはたいへんな僥倖でしたが、私たちがその後遺症と格闘しなければならないことはたしかです。数百万人ものドイツ人をこれほど短期間に経済的にはるかに高い発展水準に結びつけたことは、一度かぎりの、巨大な成果でした。この成果を私たちは誇ってよいと思います。しかし、それはドイツの体力を消耗させました――現在、大量失業が支配していると言えます。そして、成長があるとはいえ、やっかいなことにそれは自動的に職場の数を増大させるわけではなく、労働者の生産性向上ゆえに、むしろ「雇用なき成長《ジョブレス・グロース》」になっているのです。

クライナウ＝メッツラー：国家の支援によってただちに雇用創出をはかる必要があるのでしょうか？　特に大部分の失業者が属する低賃金分野で、たとえば、コンビローンの導入、つまり雇用者に補助金を給付するといった形で？

シュトラウプハール：市場としての労働市場に介入するそのような調整は、問題を生み出すだけで、問題の解決にはなりません。そのような政策がとられれば、企業家たちはこう言うでしょう。「賃金を下げよう。いずれにせよ、国が不足分を補ってくれるのだから」――彼らがそれに関心を示すかぎりは。というのは、企業は、官僚主義的で面倒な申請手続きのコストを勘案して、申請を断念するかもしれないからです。それゆえ、私は、市場経済の諸原則が実現され、ベーシック・インカムが社会保障の構成要素として導入される根治療法、つまりシステム転換以外に他の可能性はないと思うのです。私にとっては、賃金が需要と供給の関係に応じて形成される労働市場と、人間が尊厳を持って生活できることを万人に保障する社会保障政策とを分離することが決定的に重要なのです。

たとえば月額七〇〇ユーロのベーシック・インカムを、大人であれ子どもであれ全員に当然の権利として支給することができるでしょう。その代わり、失業保険金、児童手当、住宅手当、その他これらに類似するすべての支出はなくなります。実施されるベーシック・インカムの正確な金額、およびその他の手続きは、政治的な交渉に属する事柄です。最終的には、官僚主義的な資力調査その他のコストがなくなるわけですから、なおのこと全体として現行よりも余計な出費が生じないようにすべきでしょう。

クライナウ＝メッツラー：しかし、労働は大部分の人間にとって二つの側面をもっています。労働は生活水準を確保すると同時に、また人間社会との接触や社会的な価値評価を可能にし、生きる意義をも与えるものです。

シュトラウプハール：私たちは労働概念をどのように新たに把握するのかを考えなければなりません。それはたとえば、つねにフルタイム労働でなければならないのか？　フルタイム労働が存在したのは、経済史的に見て短期間のことであって、産業化と密接に関連していたのです。私の推測するところでは、物的な財の生産にたずさわる人間はますます少なくなります。それは、歴史的に見て私たちがサービス産業時代に生きていること、そしてまた、西欧では情報工学の知見がますます増大するからです。これからの人間は、モノの生産に代わって、ますます非物的な財にかかわるようになります。これに属するのは、健康増進、保健、余暇、老人関連施設などの分野でより多くの需要が見込まれるさまざまな種類のサービスです。ベーシック・インカムが導入されれば、これらの分野に人びとが参入し、多様な雇用可能性の基礎がつくられます。自由な市場では、多くの異なった供給が展開されうるでしょうし、いくつかの領域では、たとえば老人を守るためには国家の監督が必要とされるのはたしかでしょう。しかし結局は、需要と供給の間で、サービスの対価を支払う人間がその都度必要とする看護の質と、提供されるサービスの質が定着するでしょう。現在この分野では自由な市場は存在していません。介護予算を自由に配分しうるというベーシック・インカム理念はある種の方向転換を指し示しているのです。

クライナウ＝メッツラー：しかし、誰もがベーシック・インカムを得るとなると、汚れ仕事を扱うサービス部門の賃金はどうなるでしょう。現在の制度では、失業保険金のような給付を受給すると、労働の義務が生じますが、このことをどうお考えですか？

シュトラウプハール：私はスイス人ですから、プロテスタント的な労働倫理の影響を受けて育ちました。すなわち、努力して、何かを成し遂げることこそ人生であるとする考え方です。今日、人間はたしかに労働を義務づけられていますが、その一方で、仕事の供給量はじゅうぶんではありません。自由主義的《リベラル》なエコノミストとして、また私の人間像からしても、私は労働の義務に何らの価値も認めません。その理由の一つは、人間はじじつ内奥の衝動に駆られて働くのだと、思うからです。たしかに、ほとんど誰にも喜びをもたらさないような仕事もあります。しかし、その場合ベーシック・インカムを前提として市場を活性化させれば、その仕事の需要に応じて、その賃金は自動的に上昇するでしょう。第二の理由は、仕事はつねにインセンティヴとして金銭的に報いられねばならないと思いますし、また人間は、特にベーシック・インカムがしかるべく低く設定されるならば、ただ家にいてテレビを見ていたいとは思わないでしょう。

クライナウ＝メッツラー：あなたは、自由民主党（ＦＤＰ）の主張する、受給資格に所得制限を設ける市民所得《ビュルガーゲルト》モデルではなく、所得、資産、年齢に関係なく全員に給付されるベーシック・インカムを支持されていますが、それはなぜですか？

シュトラウプハール：ベーシック・インカム導入によって、何よりも社会保障にかかわる官僚主義的なお役所仕事が削減されるからです。〔給付にかかわる〕監視はまったく不要になります。そして、労働によって得られた収入はことごとくすべて課税されるようになります〔労働収入に課税する点では、ヴェルナーらの見解とは異なる〕。官僚主義的な管理コストはかぎりなくゼロに近づくでしょう。

クライナウ＝メッツラー：十分な収入を得ている者にもベーシック・インカムが支給され、万一の備えについてもますます自己責任が求められる、そして、労働の義務はない――そうなると、頭の中のシステム変換が必要になりそうですね。なぜなら、それによって一般的に何が正しくて何が公正であるかという常識的な観念がひっくり返されるわけですから。

しかし、ひょっとして〔双方で〕妬みの感情も強まるのではないでしょうか？

シュトラウプハール：ええ。そこにはたしかにメンタルな問題があります。少なからぬ観念はそうすぐには変えられませんからね。新たなメンテリティが発展するには、数世代を必要とするでしょう。しかし、私たちが私たちの子どもたちの未来をオープンにしておき、どのように働いてどのように生活するかを彼らが自ら決定できるように、彼らに自由な余地を残しておいてやろうと思うならば、私たちは、万事に配慮するがゆえに高度の負債に悩む国家に対する要求思考を変えなければなりません。ベーシック・インカムは、ボランティアの領域においても、需要と供給の原則がはたらく労働領域においても、新たな責任と生活形成のための余地を可能にするのです。

賃金は非課税

ヴォルフガング・アイヒホルンとドリス・クライナウ＝メッツラーとの対談（『ア・テンポ』二〇〇六年七月、七九号）

ヴォルフガング・アイヒホルン教授（一九三三年生）は、定年退職するまでカールスルーエ（工科）大学で経済数学を講じた。この数学者がつねに関心を寄せたのが、モデルと現実との関連だった。かくして、デーエムの経営者ゲッツ・ヴェルナーが、万人にベーシック・インカムを給付する理念を広めるために大きな雑誌で展開した宣伝キャンペーンを目にしたことがきっかけとなって、アイヒホルンはヴェルナーに批判的な質問を書き送った。ヴェルナーが指導する起業家精神養成研究所（企業の設立と運営）からの詳細な回答を得て、アイヒホルンは、ベーシック・インカムはどの程度経済問題を解決しうるかについての考察を続けた。万人のためのベーシック・インカムはそもそも財政的に可能なのか、税制にとって、労働市場にとって、また個人にとってどのような帰結がもたらされるのであろうか？

クライナウ＝メッツラー：仕事を持つことは、私たちの社会では最重要のことです。あなたは経済学者として「働くこと」にどのような意味を与えていますか？

アイヒホルン：まず、労働という概念を定義する必要があります。それは、目標を定めた、社会的な、計画的な、肉体的あるいは精神的な、人間的な特徴を帯びた活動――つまり、しばしばそう考えられているように、収入をもたらす仕事だけを指すのではありません。労働とは生産の一要素を成すもので、これにさらに資本、思考、エネルギーが加わり、これらはその都度労働によって経済領域へともたらされます。そして、土地です。

現在では、豊かさはひとえに労働によってもたらされるという考えが広まっています。おそらくこれは、「働かざる者、食うべからず」というすでに聖書のなかに見出される原則が多くの人びとによって当然とみなされているからでしょう。おそらくこの原則は、自給自足社会の当時にあっては意味のあるものでした。しかし今日、私たちはますます短い労働時間で、全市民を十分に扶養することができるのです。いまや私たちはむしろ、市民が十分な購買力を持っていないという問題を抱えているのです。そのうえ大部分の生産設備は部分的にしか稼働していません――平均して八〇パーセントといったところです。多くのケースでは、人間と環境に過重な負荷をかけることなく稼働能力をほぼ九〇パーセントにまで高めることは可能でしょう。ところで、なぜそれらの設備は一部しか稼働していないのかといえば、多くの消費者には購買資金がないからです。稼働状態が改善されれば、製品単価が下がることによってみんなが得をするのですが。

クライナウ＝メッツラー：その観点からすると、大きな問題は、ほぼ五〇〇万の失業者がいて、彼らには追加的消費の余地がないということになります。ふたたび完全雇用の時代が来るのでしょうか?

アイヒホルン：おそらくそれはないでしょう。というのは、完全雇用は、市場経済において高い経済成長の時代においてのみ可能だからです。たとえば、技術革新の波が新しい魅力的な商品をもたらすとか、あるいは第二次世界大戦後のように多くの都市とインフラストラクチャーの大部分が破壊された場合です。現在の問題は、そのような仕事が重要なのか、ということです。ご承知のように、なされるべき仕事が大規模にそのまま放置されています。現在、公共施設の修理改装を求める希望が出されたり、さまざまな社会活動が維持拡充されるべきだという話になると、「そんなことをする財政的な余裕はない」という声が聞こえてきます。

クライナウ＝メッツラー：しかし、国は大きな負債をかかえているわけですから……

アイヒホルン：それはたしかにそうなのですが、その一方で私たちの国民所得は莫大だからこそ、五〇〇〇万の失業者に平均して月に八五〇ユーロ給付することができるのです。それは年に約五〇〇億ユーロになりますが、それでも私たちの国民所得の約三パーセントにすぎません。同じ比率で他の例を挙げるならば、たとえばあなたが一七〇〇ユーロのなかから五〇ユーロを誰かに譲ったとしても、あなたが破産することはありません。私たちの国家債務は一年分の国民所得の額に達していますが、この負債は並外れたものでもなければ、心配するほどのものでもないのです。それが理性的な財政政策によって枠内にとどまっているかぎりは。

クライナウ＝メッツラー：必要とされる労働を促進するには、何が可能でしょう？

アイヒホルン：主要な問題の一つは、労働によって得られる所得に高い税金や社会保険料が課されることによって、労働が高いものになっていることです。これらの税のほかにさらに、年金、失業保険、健康保険、介護保険などの保険料が加わる。その結果、多くの被雇用者の手取額は、彼らの賃金のほぼ半額になってしまいます。他方、雇用者側は、被雇用者の手取額の最大で三倍も負担しなければならないのです。というのは、社会保険の雇用者分担金のほかに、被雇用者が仕事をしない病欠日や休暇の分も顧慮しなければならないからです。

　労働が、資本やエネルギーの生産要素とは異なって、豊かさの向上にはますますわずかしか必要とされないにもかかわらず（特にオートメーション化にともなって）、税金と社会保険料によって被雇用労働に重い負担をかけることは反生産的であり、ますます多くの職場を犠牲にすることになります。私たちは「十分の一税」*訳者解説 が請求された古い時代とは異なる時代に生きているのであり、国家はもはや租税政策において労働の成果を狙ってはならないのです。国家は、教育、教養、研究、そして創造的な仕事に対して課税するのではなく、これらを奨励しなければなりません。

＊「十分の一税」：ヨーロッパにおいて、中世いらい農民に賦課されていた貢租。5世紀以降、

キリスト教会は、旧約聖書（《レビ記》27：30など）にもとづき、貧者・病人の救済、教会運営と聖職者の生計維持のために、信徒から収入の10分の1を貢献するよう求めたが、8世紀後半いらい、これが全キリスト教徒に強制的に課せられる租税となる。9世紀以降、その徴収権はしばしば世俗の領主の手に渡った。穀物、ブドウ酒、野菜、果実などの土地からの収穫物のほか、家畜や畜産物にも課され、その額は、多くの場合収穫の10パーセント程度であった。徴収方法は、はじめは現物納であったが、13世紀ごろから現金納も行われるようになった。16世紀はじめのドイツ農民戦争では、農民によって、賦役、地代の軽減とともに十分の一税の廃止が要求されたが、実現されず、フランス革命や19世紀の農民解放によって廃止されるまで存続した。（平凡社世界大百科事典、三浦 徹）。

クライナウ＝メッツラー：失業者問題の解決にあたって、ハルツ4をどう評価されますか？

アイヒホルン：失業者に対するハルツ4の規定は、つねに労働への義務を意味しています。もし職場が提供されるのであれば、よさそうに思われます。そうでなければ、失業者が何がしかの金を持っている間は、何も与えられません――彼らはさしあたり老後の蓄えを取り崩して使い果たすことになり、そうしてことによると生涯にわたって喜捨を受けることになります。さらに、受給者がどのような生活を送っているかを調査するのは、人間の尊厳を傷つけるものです。ここで必要なことは、「己の欲せざるところを、人に施すなかれ」ということです。

クライナウ＝メッツラー：しかし、制度悪用の例があって、各自治体はますます多くの調査員（探偵）を雇っています。〔探偵として雇われる者もむろん失業者である〕

アイヒホルン：ええ、たしかに悪用されるケースがあり、私もそれを糾弾しないわけではありません。しかし、そのようなことはどの分野でもありうることを認めねばなりません。問題は、だからといって該当者全員の生活の質を制限して、ハルツ4の受給者であることが、まるで一種の罰であるかのような印象を与える必要があるのか、という点です――そうでなくても職場が十分には提供されていないのですから、なおのことその点を考慮しなければなりません。

私としては、人間同胞としてのこの理由から、ハルツ4の代わりに、また児童手当、住宅手当、その他さまざまな助成金に代えて、できるかぎり速やかにベーシック・インカムを導入すべきだと思うのです。ベーシック・インカムは、すべての公民に、年齢に応じて（小さな子どもは多くを必要とはしません）支給されるべきです。財政面の問題に入る前に、まずさらに次の点を申し上げたい。すなわち、相変わらず高い失業率に直面して希望を失うことは、多くの人間に将来への不安を呼び起こします。富者がますます富む一方で、同時にますます多くの市民がますます不安をかかえて、貧しくなることは、経済という社会的営為の副産物である必要はないのです。しかもドイツは世界第三の工業国であって、ヨーロッパの中央に位置し、優れたインフラとまだフル稼働していない多くの生産設備を備えたもともと豊かな国なのです。これ以上何を望むのでしょう？

クライナウ＝メッツラー：そうしますと、私たちは貧困を従来とは別の方法で扱うことができて、社会的に必要な仕事にとってより多くの可能性を生み出しうるわけですね。足りないのは何でしょうか？

アイヒホルン：もっと良くなりうるのだというヴィジョン、希望ですよ！　ますます多くの多様な財がますます少ない労働で生産されると同時に、ますます多くの人間が失業し、失業した者たちは欲しいと思う多くの財を購入することができなくなります。だから、ワークシェアリングを導入して、労働時間を短縮し、賃金も下げればよいということになるのか？　あるいは、賃金の下がった職場は国家の補助金によって「コンビローン職場」にすればよいのか？　これらの施策は短期的には助けになるかもしれませんが、長期的に見て重要なのは、「福祉を求める努力が職場を創出する」ということです。福祉とは（経済的な）豊かさ以上のものを意味します。というのは、福祉には、失業したときや老齢になったときの社会的下降や社会的排除に対する不安を軽減する前提条件、各人が意義を見出しうる健康で良好な生活の可能性をつくりだす前提条件が含まれているからです。十分なベーシック・インカムが保障されれば、そのための基盤がつくられます。私たちはどうしたら社会の福祉を増大することができるのでしょうか？　最終的には、従来の意味での労働にたずさわる者、そしてたとえば、何か新しいものの消費者をいかに見出すかというアイデアを持っている者、あるいはまた、自分自身にとって重要な何かのために——ボランティア的でもよい——尽力する者、そういう人たちはみな万人の福祉に寄与することになるのです。

クライナウ＝メッツラー：そう考えますと、いわば一種の利己主義《エゴイズム》から利他主義《アルトゥルイズム》への転換ですね。ところで、全員に給付されるそのようなベーシック・インカムは具体的にはどのようにして実施されうるのですか？　私たちは現在、多くの分野に向けた、税金、補助金、助成金など、国によって規定されたきわめて細分化された枠組みを持っています。

アイヒホルン：すでに申し上げたように、まず第一に思考転換が必要です。労働所得に対する課税をやめること、そして完全雇用に対する信仰を捨てることです。制度の変更は徐々に進めるほかありません。八二〇〇万もの人口を有する国〔ドイツ〕でむろん無茶な社会実験をするわけにはゆかないからです。種々の税金が存在する現在の制度下で、突然、「これからは消費税だけです、特に付加価値税は五〇パーセントになります」とは言えませんからね。

ベーシック・インカムの実現を目指すプロセスはごく穏やかなものでしかありえないでしょう。たとえば、付加価値税は毎年一パーセントずつ引き上げることができると思います。ここで実現可能性に関連して、二〇〇四年のドイツ国民経済のいくつかの重要な数字を挙げておきますと、国民所得は一兆六三六〇億ユーロ、税金と社会保険料の分担金は八五七〇億ユーロ、直接税（主に所得税と法人税）は二一〇〇億ユーロ、間接税（主に売上税と付加価値税）は二三三〇億ユーロです。付加価値税率を上げることによって得られる国家の増収は、その折々に直接税を低減するために、特に給与所得および収入に対する税率を下げるために、そしてまた、付加価値税の増大によって不利益をこうむる人びとへの最初のベーシック・インカム支給のために向けられねばならないでしょう。ひどい価格上昇をともなう極端な変化はないと思われます。そして、経済的推移に応じて微調整することも可能でしょう。直接税が徐々になくなることによって企業のコストは下がりますから、上昇する分の付加価値税が価格に上乗せされても、価格はむしろ下がるか、あるいは付加価値税の増加によって従来と同じレベルにとどまるでしょう。同時に、財源を付加価値税に移すことは、ドイツの製品輸出には有利にはたらくでしょう。

クライナウ＝メッツラー：ベーシック・インカムの支給額はどれくらいになりますか？十分な額のベーシック・インカムが支給された場合、そもそもさらに稼得労働に就こうとする誘因は十分にあるとお考えですか？

アイヒホルン：ベーシック・インカムの支給額は、最終的には社会的・政治的な協議プロセスに委ねられます。最終的な額は、現在の平均的な失業保険金八五〇ユーロの購買力に相当する額か、あるいはいくらか高い額になるのではないでしょうか。企業によって支払われる賃金は、ベーシック・インカムに上乗せされる部分になるので、たしかに今日ほど高くはなくなりますが、実際に自由な労働市場が存在するようになれば、需要に応じて追加的にさまざまな労働の可能性が生まれるでしょう。闇の（もぐりの）経済活動は、市場経済の特徴を得て、経済的にはもはや犯罪的とはみなされなくなるでしょう。労働に対する金銭的な誘因は引き続き存在すると思います。多くの人は、より良い社会保障のために、あるいはもっと消費するために、ベーシック・インカム以上に収入を増やそうとすると思われます。それによってなおさら人間の創造性が、そしてまた起業家精神が呼びおこされるでしょう。しかし決定的に重要なことは、人間が希望を持てること、そして自発的に欲することを――特に人間同胞としての活動を――より自由におこなえることでしょう。経済の課題は、効率的な思考を存分に発揮して、万人の福祉を増大することであって、少数の人びとの物質的な豊かさを増大するだけではないのです。

租税改革とは新たな分配を学ぶこと

ベネディクトゥス・ハードルプとドリス・クライナウ＝メッツラーとの対談（『ア・テンポ』二〇〇三年九月、四五号）

ベネディクトゥス・ハードルプ博士（一九二八年生）はマンハイムで経済監査士（公認会計士）および税理士として活躍中で、現在にいたるまで同業者間の、あるいは専門家として招かれた各種委員会のメンバーに名を連ねている。長年にわたってあらゆる種類の企業の経理に携わってきたことから、経済分野における豊富な経験を有する。彼は、人間の経済的イニシアティヴを強化し、同時にドイツの税制上の立地条件を改善するために、現在の収益（所得）課税から消費課税へと税制改革を推進しなければならないと考えている。

クライナウ＝メッツラー：失業、そして、賃金や給与から源泉徴収されるもともと高い税金、疾病保険負担金、年金拠出金が、場合によってはさらに上昇することが、政治とメディアを悩ませています。若い人びとさえも将来をひどく不安な気持で見ています。ハードルプさんは、現在の経済状況をどう見ておられますか?

ハードルプ：嘆くのではなく、現在の状況をチャンスと見るならば、憂慮する理由はありません。私たちの社会状況を見れば、人口の年齢構成において高齢化社会の到来という大きな変化が生じた結果、私たちはあらゆる分野において新たに分配することを学ばなければならないことは明らかです。このことは、一方では租税施策の面で、他方また私たちの老後の備えの問題においてももちろん明らかです。私たちの社会には、やがて老齢年金の負担にもはや耐えられなくなるという恐ろしい妖怪が徘徊しています。現役で労働に従事する者は一人で年金生活者一人を支えることになるだろう、というものです。しかしながら、その際しばしば見逃されていることは、老人層の増加とともに、同時に私たちの生産性も技術進歩によって大幅に進展することであり、また将来必要とされる年金は十分に負担可能で、財政的に工面しうることです。現在の私たちの生産性は、戦後の時代に比べて少なくとも八倍も高いのです。条件が整えば、企業は容易にもっとたくさん生産することが可能でしょう——企業はむしろ、さらに増産した場合に十分な販路を見出しうるかを心配しているのです。

クライナウ＝メッツラー：税制改革に際して、生産性はどのような役割を果たすのでしょうか？

ハードルプ：税は生産性や価値流通にブレーキをかけることもできるし、また軽減することによって促進することもできます。税とは結局、社会的な価値創造についての分配比率なのです。私たちは課税によって、社会的な価値創造のうちどれだけを公共目的に供用し、どれだけを市民用にまわすかを決定します。「租税制度」という表現は本来ゆきすぎです。というのは、私たちの現在の「制度」はむしろ「自然に任せた繁茂状態」だからです。

今日課税の作用をグローバリゼーションの条件下で見るならば、税を二つのグループに区別する必要があります。一つは、国内消費にかけられる税金であり、もう一つは、私たちが最終価格に含めて外国の消費者に転嫁しようとする税金です。最初のグループに属するのは国内消費に課せられる税で、わけても付加価値税です。これは形式的にはあらゆる生産段階に適用されますが、それぞれの企業段階での価値創造は、前段階税額控除という合法的な手段によって、消費段階にいたるまで非課税なのです。結局、「最終消費者」たる国内消費者の段階にいたって初めて、たとえば七パーセントなり一六パーセントなりの付加価値税という名の税が課されることになります〔ドイツの付加価値税率は、二〇〇七年一月に一六パーセントから一九パーセントに引き上げられた。ただし、特定の食料品・書籍・新聞・雑誌・美術品・花などは七パーセントに据えおかれている〕。もう一つの大きなグループは、企業の価値創造過程で徴収されて、ただちにふたたび価格に上乗せされる税金——たとえば、企業の営業税や法人税がそれに相当しますし、人的会社の場合には企業収益に所得税が課せられます。

クライナウ＝メッツラー：商品の輸出はドイツの経済にとっていかなる意味を持っていますか？

ハードルプ：ドイツは完全に世界経済に組み込まれています。世界市場においてドイツ製品の競争力を維持するためには、価格が世界市場における競争価格と太刀打ちできるものでなければなりません。世界市場におけるドイツ産業の能力が危機に瀕しているのです——それと同時に、生産と企業の海外流出を阻止することも。本質的に見て、企業はまさに「非課税」なのです。企業はできるだけ低いコストで良い収益を目指すものですし、それは企業の課題です。もし企業に税金のような人為的なコストを課せば、企業は困難に陥るでしょう。というのは、そうなると企業はこれらのコストをふたたび消費者に押しつけるからです。ドイツ経済には強い輸出志向があり、そのために、私たちの価値創造の成果だけでなくドイツ企業に課せられる税金まで国境を超えて輸出されていることを、私たちは知っておくべきです。

公共サービスに関してどのようなインフラが必要であるかは、それぞれの国が自ら決定すべきでしょう――そのためのコストは当該国の市民自身が支払わねばならないものであって、これを外国の消費者に負担させることはできません。

クライナウ＝メッツラー：それでは、企業が高収益を得た場合でも、企業は税金をまったく支払わなくてもよいというのですか？

ハードルプ：ええ、そうです。それを理解するため、まずはっきりさせておかねばならないことがあります。つまり、私たち消費者は、企業レベルで徴収される税金をそっくりそのまま商品価格に反映された形で支払うわけです――企業レベルでの税はことごとく価格に転嫁されて、したがってブーメランのように消費に跳ねかえってくる。消費者は、従来の手続きでは、この税金を実質的に消費者が負担していることも、その規模も知らずに支払っているのです。企業と企業家は、企業を経営し、企業に投資するために、課税後の利益を必要とします。利益は一国の経済の成長能力を示すもので、それは経済が発展するための余地を意味します。このことがしばしば見えなくなるのは、企業家の消費収入と投資収入とが統計上では区別されずに「企業家利益」として表示されるという事情があるからです。元来これは、農民なら誰でも知っていることです。すなわち、収穫の一部は消費にまわされ、収穫の一部は種として保存されねばなりません（投資）。企業家は個人的な所得を得るだけではなく、なによりも彼らの投資を確保しなければならないのです。

クライナウ＝メッツラー：しかし、企業に対する課税はない、相続税もなし、営業税もない、所得税もなく、さらに給与所得にも課税されないとなると、国家が必要とする経費はどこから調達されるのですか？

ハードルプ：これまでどおりです。つまり、消費に課税することによって賄われます――ただし、オープンに、つまり意識的に運用されることになります。現在、ドイツの税収の三分の二はすでに付加価値税（消費課税）および給与所得課税（これは消費を節減し、購買力を吸い上げる作用を及ぼす）です。私たちが国家からの給付を期待するものについては、むろんそれを負担するつもりでなければなりません――たとえそれがしばしば重荷と感じられたとしても、です。また連邦、州、市町村も相互間でコストをいかに新たに分配できるかを学ばなければなりません――ちょうど今社会全体がたとえば年金問題で、つまり老人所得の責任分担についてそうしているように。消費課税への税制転換は――ちなみに、すでに一九一九年にルドルフ・シュタイナー（一八六一年～一九二五年。日本ではシュタイナー学校の名で知られる、人智学の創始者）によって提案されていますが――税負担の透明性と課税手続きの脱官僚主義に寄与するものですし、人間の秘める遂行能力を喚起するでしょう。

私たちは、すでに一九六八年に売上税（付加価値税のこと）についておこなったことを税制全体についておこなわなければなりません。すなわち、各企業の多段階での非課税を踏襲することです！（先の「前段階税額控除」の説明を参照されたい。一九六八年に施行された「売上税法」によって、それまでドイツで徴収されていた「総売上税」に代わって、企業的付加価値――たとえば仕入価格と販売価格との差額のみ――を捕捉する新しい純売上税が導入された。それゆえ、売上税は今日では「付加価値税」とも呼ばれる）ついでに言えば、公共の利益、寄金や贈与に関する規制もまったく余計なものでしょう。「もぐり労働」もまたなくなります。

クライナウ＝メッツラー：しかし、共同体がすべての使命を付加価値税によって調達するとなると、付加価値税はものすごく高率にしなければならないのではありませんか？

ハードルプ：たしかに共同体ははるかに多くの税収を必要とするでしょう。でもそれは、私が先ほど企業に対する課税のブーメラン効果の例を挙げてはっきりさせたように、私たちが全体として今以上の税金を支払うことを意味するものではありません。そのうえ、私たちは消費課税を自ら社会的にいっそう公正に実施することができるでしょう。すなわち、すでに食料品あるいは基本的な生活必需品に適用されている低い税率を設定することによって、また税率をさまざまな消費財あるいは消費動向に対して異なる税率を適用することによって、この問題は解決できます。また逆に、特に必要性が高くはない需要に対してはより高い税率を課し、あるいはまた「贅沢品の需要」に対してはさらに高率にすることも考えられます。

社会的階層に応じた負担を実現する別の可能性としては、社会福祉的な理由から援助が必要と考えられる人たちに対する税金還付（移転給付）も考えられます。じじつ、これはすでに実施されていますね（たとえば生活保護や失業保険給付の統合）〔ハルツ4のこと。ここでハードルプは主に消費課税は可能であるとする観点から持論を述べている〕

クライナウ＝メッツラー：経済的弱者と失業者に対する一種のベーシック・インカムということですね？

ハードルプ：ええ、弱者あるいは全員のためのベーシック・インカムです。つまりこれは、社会の決定次第ということです。以前は、人間の境遇や経済状態をどちらかというと静的にとらえていましたが、今日では、生産物（価値創造）がどこで始まって、それが誰のところへゆくか（消費）が問われています。それは、ますますプロセスにおいて考えられるようになっています。これは世界経済的に見てもそうです――価値創造と貨幣のグローバル化されたプロセスがなければ、私たちは高度にテクノロジー化した環境で生産できないし、大量生産に見合う販路を見出すこともなく、私たちの豊かさもないでしょう。自分が身につけている衣類の原産地証明書か、あるいはジョギング用のシューズの生産国を見るだけでわかることですが、それらは台湾、中国、あるいは南アフリカで製造されているのです。長いこと私たちはグローバリゼーションを追求してきたのですが、これをまだ社会的《ゾツィアール》に――つまり平等や弱者保護という観点において――コントロールできていません。今日私たちは世界のあらゆるところに住む人びとと現実的な関係を持っているのですが、これらの人びとを直接知っているわけではない。しかしながら、この「知っている」というのは、ルドルフ・シュタイナーが第一次世界大戦後に提案したような観念連合による経済形態をもってすれば、もっとはるかに意識的に扱うことができるでしょう。すなわち、そのような観念連合においては、私たちの成果の世界規模での意義深い交換が整えられることになるでしょう。その端緒は、たとえば世界経済会議や気候会議においてだけでなく、消費者保護団体の活動にも見られます。つまり「経済」は最終的に、人間間の互恵活動の組織体にほかなりません。自給自足経済は現代では周辺的な現象になっています。私たちはますます多く他者の成果によって生活することになります。私たちは現実にますます多くを他者のために何かを遂行するのであって、私たち自身のためというのはますます少なくなっているのです。

自由を可能にし、共同体を強化する

（ザーシャ・リーバーマン）

本稿は、二〇〇六年二月二三〜二四日にカールスルーエ大学でゲッツ・W・ヴェルナーによって開催されたシンポジウム「無条件のベーシック・インカムを」に際しておこなわれた講演原稿に手を加えたものである。このシンポジウムの記録は二〇〇六年末にカールスルーエ大学出版局から公刊されるが、本稿はその刊行前の印刷物である。ザーシャ・リーバーマン（社会学博士）は一九六七年生まれ。イニシアティヴ「完全雇用に代わって自由を」（www. freiheitstattvollbeschaeftigung.de）の創立者のひとりで、現職はドルトムント大学経済社会学部の学問助手。

私たち——私の同志たちと私——が二〇〇三年の十二月にポスターを貼って宣伝し、ウェブサイトを開設して私たちの提案を公衆に訴えようとしたとき、私たちの企ては見込みがないように思われた。私たちを憫笑する者も少なくなかったし、この理念に好意を寄せるか、それどころか論拠を完全に私たちと共有する者のなかにさえ、「アジェンダ二〇一〇」の精神に反対して何かを達成すること、さらにはこのようにラディカルな理念が一般の関心を引くと考えるのは空しい幻想だと考える者がいたのである〔「アジェンダ二〇一〇」はシュレーダー政権下の二〇〇三年三月に発表されたもので、労働市場の改革、長期的な社会保障制度の再構築、経済成長の推進をめざす包括的なプログラム〕。

無条件のベーシック・インカムに対する不信の念がいかに強かったかは、当時の連邦政府の改革政策には批判的ではあるが、しかし同時に見返りを求めないベーシック・インカムを理想主義的な夢想だと評するばかりかスキャンダラスだと認識する者たちがいたことからも推測できた。

支配的な見解を考慮すると、――それについて私たちは何らの幻想も抱いてはいなかった――予測できたのは、拒絶だった。私たちがせいぜい期待しえたとすれば、頭のおかしな奴と呼ばれること、つまりひどくナイーブな連中だと思われることだった。支配的だったのは、市民への信頼ではなく、市民に対する不信の念であり、その不信が「支援し、要求する」とか「生活保護の代わりに仕事を」とか、あるいは「活性化のための社会保障政策」などというわべだけの決まり文句を飾っていた。それでも私たちは、この理念を公的な場で議論する試みに着手しなければならないと確信していた。そして、ベーシック・インカム理念は悲惨からの唯一の打開策を提示したのである。

あらゆる方面から寄せられた批判の大部分は、私たちが個人に信頼を寄せていることに向けられているが、この個人への信頼こそ無条件のベーシック・インカムの理念が拠って立つ基盤なのである。私たちは非常に多くの批判を受けはしたものの、それでもそれ以上に多くの肯定的な投書を受け取った。そこには、ついに地平線に光が見えるという安堵感が表現されていた。私たちはそのことに驚きかつ感激したものだったが、私たちの提案がすぐにジャーナリストによって採用されるという反響を得たときもそうだった。まず真っ先に、ヘニング・ブルクによって制作された「ハルツ紀行」（二〇〇四年三月に3SATの「文化の時間」で放送された）の枠内での貢献が認められた。その最後の部分は、私たちのスローガン「完全雇用の代わりに自由を」と同名のタイトルがつけられて、さらに注目を引くことになった。（二〇〇四年の二月から三月にかけて、『ジョブ、尊厳、価値――ハルツ紀行全五部』という、今日の人間労働の価値を問う番組が放送され、最終回は「完全雇用の代わりに自由を」と題されていた。「ハルツ紀行」というのは、ハインリヒ・ハイネの有名な旅行記をもじったもので、地名のハルツ（Harz）が人名のハルツ（Hartz）にかけられている）。

ただし、あらゆるメディアを通じた改革論議のなりゆきを長いこと注目して追い続けたこの時点では、私たちはこれほどの反響を期待していなかった。しかも、私たちの考え方と広く一致する見解の持主に遭遇するとは思いもよらなかった。私が二〇〇四年の冬に初めて『ア・テンポ』誌上で公開されたヴェルナー氏のインタビューを読んだときの衝撃はじつに大きかった。当時の私たちの驚きと感激はたいへんなもので、私たち相互の共通点がいかに多いかを確認し合うべく、私たちはすぐさま彼と連絡を取った――というのも、共通点はじじつ同一のスローガンを使用していることだけではなく、テーマのなかにあったからだ。私たちはハードルプ氏ともすぐに意見交換をおこなった。消費税に関する氏の見解の重要性を当時の私たちはまったく知らなかった。

ベーシック・インカムの提案が昨年来より広く受け入れられて、今日では公的な議論において確固たる地位を占めたことについては、ゲッツ・ヴェルナーの貢献度はきわめて大きい。一年前には、ベーシック・インカム賛同者はまだ受身であり、ベーシック・インカムのチャンスがどこに存するを縷縷説明しなければならなかったのだが、いまや状況は大きく変わった。すなわち、意義のある労働の文化を推進する代わりに、コンビローンによって雇用創出の助成を継続する大連立内閣の諸提案は、以前にも増してベーシック・インカムに対する注目を集めることになった。その間に諸政党は公開の議論に関心を示すようになっているが、これは二〇〇五年の夏には考えられなかったことである。

ベーシック・インカム理念がここまで広まったことは、私たちの共同体を改編するにあたって何が必須の前提条件となるかを素晴らしいあり方で証明している。すなわち、自由の精神への信頼、論証の力への信頼、そして、自由のチャンスをつかもうとする個人への信頼である。というのも、私たちのところに寄せられた無条件のベーシック・インカムについての反響と批判がまさにそのことを裏づけているからだ。多くの点において、過去数年間の私たちのイニシアティヴの経験は、わが国のあらゆる政治的陣営の「知ったかぶり屋」たちが懸念していること――すなわち、私たちは自由を享受するほど成熟していない――が現実には逆であることを証明している。この留保を表明する者はつねに、他者がこの自由を手にすることを認めないくせに、自分自身にはその能力があると思い込んでいるのである。

「ベーシック・インカム」はその間に世間の注目を引くようになっているので、さまざまな構想の相違と共通点を明確にすることがますますもって重要になる。そのためには、無条件のベーシック・インカムと他のすべてのベーシック・インカムの諸形態との間に境界線をはっきりと引く必要がある。というのは、この境界線にもとづいて、私たちが実際に自由の共同体へ思いきって足を踏み出すのか、あるいは不信を育もうとするのかが決定されるからである。*原注

＊（原注）トーマス・シュトラウプハールはつい最近までは、ベーシック・インカムはあまり高額に設定しないほうがよい、さもないと労働意欲が減退するから、と述べていたが、最近ではもはやこの見解に与していない。それに代わって、ベーシック・インカムの支給額は課税率の高さと直接比例の関係にあると指摘している。つまり問題は、私たちがどれだけ分配するつもりがあるかにかかっている（ハンブルク世界経済研究所「社会福祉国家ドイツにおけるベーシック・インカムの持続性について」http://www.hwwi.org/Grundeinkommen_Nach.539.0.html）。

何が私たちを押しとどめるのか？

多くの人びとがベーシック・インカム理念に対してたいへんな不快感を抱くとすれば、それは今日まで、民主主義的な市民文化、基本的な所得保障、生産性向上、これらが渾然一体となって混じっているためである。ある者にとっては、所得保障を要求することからしてすでに共産主義《コミュニズム》を意味し、また別の者にとっては、生産性向上は彼らの反資本主義的あるいは反企業家的なパトスにとって我慢ならないもの、つまり新自由主義《ネオリベラル》的な考え方のあらわれだった。これらの批判のなかには、各陣営間のあらゆる相違にもかかわらず、隠れた親近性が見てとれる。すなわち、個人には、市民共同体と同様に重きがおかれていないことであり、両者ともに信頼しえないものと考えられている点である。だからこそ、それが国家的性格であれ、市場形態的な性格であれ、管理《コントロール》を必要とするのだ。

　無条件のベーシック・インカム構想の基盤となる理念はほとんど通俗的で、その前提条件となるものは自明のことなので、私たちはその理念をあまりにも安易に見過ごしてしまう。この理念は現実に矛盾すると考える人が少なくないが、けっしてそうではなく、逆である。じじつ、私たちはすでに長いこと他者への信頼にもとづいて生活しているのである。諸団体、諸政党、さらに主としてボランティア活動にもとづく慈善的な制度がそうであるように、この信頼がなければ、私たちの民主主義はそもそも存立しえないだろう。したがって、この理念は理想主義的で夢想的な理念なのだと言って、この理念の支持者に異議を申し立てる者は、彼自身が現実の生活に対していかなる立場をとっているかを自問すべきであろう。というのは、ベーシック・インカムを導入するためには、私たちがまずそれに値するほど成熟していることが前提条件になるのではないかと考える者は、現実から遠く隔たった生活を送っていることになるからだ――非現実的な夢想家は私たちではなく、ベーシック・インカム反対論者のほうなのだ。他者の主張に対してつねに不信の念をもって応じる者は、毎日自らの責任を果たしている者に向かってその責任感の欠如を言い立ててこれを認めないのである。これに関する私たちの行動と思考の間には驚くべき深淵が口を開いている。すでに現在自由のチャンスは毎日多かれ少なかれ捉えられ、たしかに各個人は自ら決断を下すことができる。何人《なんぴと》といえどもこの決断を奪うことはできない。たとえ彼が現にあるチャンスを利用しないとしても、それも本人の決断であって、それもまた理性的な決断かもしれないではないか――これらすべてが否認されるのである。私たちはそのつもりになりさえすれば、そもそも私たちの共同体は自由を可能にするという理由以外の他の理由によって存在しかつ存続するのではないことを認識できるのである。ところがそうではなく、私たちは、私たちが下すどんなに明白かつ単純な決定でさえも、資本、コンツェルン、その他の高次の権力によって定められた決定であると思い込む傾向がある。「私たちがどこでどんな食料品を買うかについての決定さえもがコンツェルンによってあらかじめ決められていて、私たち自身が決めることはできない」と、議論に参加した女性は言う――このような現象が生じるのは、実際に自己無力化が広く蔓延しているからである。この自己無力化は、わが国で私たちがほとんど進歩しえない一原因である。問題提起のための行動がおこされたにもかかわらず、また、たえず自由が話題になっていたにもかかわらず、私たちは過去数年間に市民の自由に反対する決定をした〔先の「アジェンダ二〇一〇」や「ハルツ4」を指すと思われる〕。それによって私たちは自分たち自身の邪魔をしたのである。弊害を取り除こうとする代わりに、私たちは弊害を自然法則あるいはやむを得ない事情であると説明し、またそれらの弊害の責任を抗しがたい敵のせいにするか、あるいは人間本性のせいにする。過去数年におこなわれた議論は、なによりもまず深い方向性喪失のあらわれなのだ。古くからの確かな事柄にしがみついて、その基盤がすでにとっくに破壊されているのに、その内実がほとんど宗教儀式のように呼び出されるのである。

何かを変えようとする意志を持つ者は、イニシアティヴを取らねばならない。対案を提示して、それを世に広めるために闘わなければならない――それは理路整然たる論拠をもってのみうまくゆくのであって、陰謀に対するような場違いな不安を煽ることによってではない。いつも他者に何かの責任を負わせる者は、自ら何らかの寄与をなす――たとえそれがいかなるものであれ――責任を回避しているのだ。自己無力化とエリート志向は一枚のメダルの両面、すなわち、国家のお上《かみ》としての態度の二面性である。しかしだからといって、個人の発展のために可能なかぎり良い条件を整備することに関しては、共同体はなんら心配するにはおよばない、と結論づけてはならない。これもまた、共同体の利害を損なう政治に対して立ち向かう市民のイニシアティヴを必要とするからである。

私たちの見るところでは、ベーシック・インカムの導入論者は大きな試練の前に立たされている。彼らは通常、ベーシック・インカムという大きな自由を十分に活用しきれない者はいないことを証明しなければならないのだが、それが最大の試練というわけではない。反対論者の意図はすでに明白だ。すなわち、彼らは少数の例外を例外たらしめるのではなく、例外を規則にしようとするのである。自由を十分に活用できない者がいるから、この自由を全員に賦与することはまかりならんというわけだ。しかし、例外のために規則を変更してはならない。俗に、例外が存在してはじめて規則が存在することがわかる、と言われるのはじつに理にかなっているのだ。

したがって、私たちが格闘するのは証拠の不備ではない。説明し、それによって把握されるべきは、誰の目にも明白な諸関連が、なぜ真面目に受取られず、なぜそこから帰結が引き出され得ないかということである。そのことを理解してはじめて、私たちはなぜあいかわらず完全雇用の要請が公的な議論を支配しているのか、またなぜ私たちはそれを阻止し得ないかがわかるのだ。

私たちの政治的秩序は市民にもとづき、市民のなかに有効な根拠を持つ。市民は政治的秩序の正当性の源であり、市民が、私たちの共同体に対する責任を誰に委譲するかについて決定を下す。市民の付託を受けた者たちが市民をもはや気にかけず、私たちの共同体の福利のために奉仕する決定を下さない場合には、この責任をふたたび自身の手に取り戻さなければならないのも市民である。これらの責任に堪えうるかどうかについて、従来はまだ、市民資格試験や市民権検査をおこなったりはしていない。また、選挙義務を導入してもいないが、それには無理からぬわけがある。すなわち、各個人が自ら私たちの政治的秩序を担い、責任を担う用意ができている場合にのみ、そもそも民主的な共同体が存立しうるからである。つまり、私たちが自明のごとくその用意ができているのと同様に、なんらかの強制なしに義務を果たすことは、市民にとって自明のことなのだ。名目だけの市民では何の意味もないし、そこには何の目的もない。私たちの政治的秩序の自己理解に照らしてみると、私たちがすでに長いことどこに位置しているかが疑いなく明白になる。すなわち、市民の忠誠がなければ、市民が共同体と結びつく用意がなければ、私たちの国ではまったく何も機能することはないのである。

労働は最高の目標

政治的な自由が問題だったのではなく、いまなお依然として問題ではないとしたら、過去数年のいわゆる改革の中心にあったものは何なのか？　それは就業であり、就業者の共同体であって、就業者たちの目標はまさに仕事に就いていることであったし、現に就いていることなのだ。今日失業する者たちが失う最大のものは――じじつそれは重大ではあるが――収入ですらない。社会から追い出されること――それこそ失業者にとって破壊的な要因である。なぜなら、私たちの理解するところでは、失業者は公共の福祉に貢献することができないから、苦境に立たされるのだ。すでに以前から私たちはこの作用について承知している。それはこう説明できよう。つまり、私たちの社会の一般的な考えでは、就業している者だけが何かをなしうるのである。私たちの社会秩序においてこのことが明白にあらわれるのは、特に社会保障関連費の認可条件においてである。そこで真っ先に問題になるのは、個人が何を為すかでさえなく、むしろ決定的なのは、彼がそもそも働いていること、つまり、何かを遂行したことに対して賃金を得ていることであって、それが自己目的になっているのだ。何を成し遂げるかではなく労働、これこそわが国を支配する規範なのである。

このような過酷な政治にもっとも苦しむのが誰であり、この圧力をまともに受けて、その結果内的な努力によって抵抗するほかないのが誰であるかは、容易に想像できる。労働市場において特にチャンスを掴むことが困難で、その人生においては多くの点で成功体験よりは苦痛体験を有する者たちである。まさに彼らの自立が脆弱で、自信が薄弱であるがために、彼らは労役所政策によって直撃される。だが、これはあまりにも過小評価されていることだが、最終的には、この労役所政策はわれわれ全員にあてはまる。すなわち、従来は少数の者にのみあてはまったことが、いまや原則として全員にあてはまりうるのである。共同体全体が労役所と化し、その規範が私たち市民を導くことになる。そこにしかるべき場所を占めることのないもの、労働ではないもの――それは何の価値もない。市民のボランティア活動や家族を介護するための余地は——それらの推進が主張されているにもかかわらず——そこにはない。私たちは、市民の共同体を就業者の共同体にしてしまったのだ。そして、その度合いは今日ますます高まっている。

この不信となおもっともうまく折り合いをつけるのは誰か？　それは、この不信に対して自意識をもって立ち向かうことのできる者たちである。そのような行為を可能にする自意識は、個人を無条件に認めることから生まれるのであり、子どもたちが両親をつうじて経験するような保護必要性のなかで育まれる。人間が人間と結びつくという経験を通じて、個人は自己形成を成し遂げるのである。世界を探り当て、新たなものをつくりだすように個人を鼓舞するのもこの経験である。同じことが政治的な共同体についても言える。すなわち、政治的な共同体が各個人を個人そのものとして認める場合にのみ、実際に自由の文化が成立するのであって、この自由は無条件の承認と表裏一体の関係にある。

だが公的な議論において、これらすべてがほとんどすっかり見失われているといってよいだろう。わが同志トーマス・ローアー〔イニシャティブ「完全雇用に代わって自由を」のメンバーの一人〕が命名したところによれば、個人に発展可能性を与える果敢な精神を推進する代わりに、個人は労役所政策によって息の根を止められる。この労役所政策がムチをもって強制するところのものは、労役所政策そのものを破壊してしまう。近年の労働市場政策が失敗した原因は――労働市場政策は個人をコントロールしかつ駆り立てねばならないと考えているので――この政策が個人の能力発揮意欲をまさに掘り崩してしまうことにあったのだが、社会政策の活性化を推進する者たちと刺激を与えることに執心する理論家たちはいまだにこの事実を認めていない。

過去数十年の豊かさの増大の原因が、革新と参加の精神の強化にあったとすれば、過去数年間支配的だったのは、恭順な臣民を有する国家にもっともふさわしいメンタリティだった。この展開に責任なしとして無罪放免される者はほとんどひとりとしていない――富と権力を有するのはわれわれだ、というわけである。私たちが富と権力を持つ者たちの暗愚を嘆くならば、同時に〔権力も富も持たない〕私たち自身の我慢強い寛容さを批判しなければならない。私が過去二年間に数多くの議論から得た経験は、明確に次のことを語っている。すなわち、改革政策の賛成者であれ反対者であれ、いたるところで個人間相互の不信感がつのっていることである。それは、自分自身に対する不信に発する不信であるように見える。

教養市民的・エリート的な、きわめてアカデミックな場所で見出されるヴァリエーションでは、この不信はわけてもいわゆる教養のない者たちに向けられる。この前近代的な態度は、たとえばテレビで見られるようなテクノクラート的・エキスパート的な態度と一体化する。専門家は特定の質問に対して専門家としての鑑定意見を提示するだけでは満足せずに、たいてい彼らは求められている以上の越権行為をはたらく。だが、何を欲するかについて決定を下すのは、われわれ市民なのだ。専門家には、望まれたものがいかなる結果をもたらしうるかを判断することが残されている。教養市民的で、テクノクラシー的・エキスパート的でもあるエリート的な態度はともに、公的な複数主義的論争の効力を失わせてしまうのだが、この論争は、市民が決断や解決のための提案に関する意見を形成しうるためには不可欠なのである。一見進歩的に見えるものが、じつは禁治産宣告を意味するのである。世界を専門家と素人に分類するこのエリート的な思い上がりは、各人が自らそれによって確信を得られる論拠よりも公式証明書の類《たぐい》を重要だとみなす。公認された知識に対する信仰は、結局は市民の判断能力を否認する。政治的議論がいかに狭い軌道上を動いているかは、数年来重要な提案がいっこうに実現されないことを見てもわかる。それらは、じつにさまざまな趣向が施されて多様に見えるが、二つの陣営に分けることができる。

一方の論者たちは、賃金と社会保障給付の削減によって労働力の廉価化を推進擁護する。単純なサービスがふたたび魅力的で、しかもペイしうるものになるというわけだ。この提案が道徳的な批判と結びつけられるのもまれではない。いわく、ドイツ人はそのような仕事につくには繊細になり過ぎてしまった。いわく、規律を遵守しえない生活者に対しては、圧力をかけることが助けになろう。これらの提案はしばらく前から、自動販売機による販売よりも賃金を引き下げて人手を利用するほうが良いという議論と結びつくようになっている。特徴的なのは、各人が自力で立ち上がるように、一人一人の鼻先にニンジンをぶら下げるべしとの考えである。刺激のないところには、活力は生まれないという偏見が広まっているのだ。

もう一方の論者たちは、この解決法を、過去数十年の経済的な成功に鑑みて不当だと考える。この成功は価値創造の絶えざる増加をもたらしただけでなく、同時に労働量（年間の労働時間）の減少をも達成したからだ、という。この理由から、彼らは、各人に労働への公平な関与を確保するために、労働の分配〔ワークシェアリング〕を推進する。その際まず問題になるのは、収入の確保ではない。それはいかようにも得られるであろう。この提案の推進者は、稼得労働のなかにささやかな善を認める。なぜなら、人間は労働によってのみ人間になると、彼らは確信しているからだ。そればかりか、各人は労働の義務を果たすことによってのみ、社会的な貢献をしたことになる。自由を可能にする代わりに、余暇が増やされるべきだというのである。

双方の提案はともに、生産的な関与の基盤がどこに存するかを完全に無視している。すなわち、いかなる生産的な関与も自発的な決定に存するのである。成果は、圧力と強制によってのみもたらされると信じている者たちには、ワークシェアリングはおそらく進歩的なものと思われている。しかし、自発的に自らの意志をもって貢献したいと考える市民の気持を信用しないという点では、双方とも同じ穴の貉である。つまり、双方にとって、労働は規律化のための手段であって、労働がその成果で測られることはもはやない。

このような信念の尺度が私たちを驚かすことはない。すなわち、いわゆる一連のハルツ法は、あらゆる政治的な諸力が発する声を一つにまとめたもので、ようやく前回の連邦議会選挙以来、「左翼党」（WASG「労働と社会的公正のための選挙オルタナティブ」とPDS「民主社会党」）によって明確に批判されるようになった（二〇〇五年の選挙では、キリスト教民主同盟・社会同盟（CDUとCSU）が二二六議席、社会民主党（SPD）が二二二議席、同盟九〇・緑の党が五一議席、自由民主党が六一議席、左翼党が五四議席を得た。現在の大連立政権の首相はCDUのメルケル女史）。しかし、左翼党もまた、党内での議員個人の活動を別にすれば、無条件のベーシック・インカムには賛成していない。市民否認という事態がいかに拡大しているかを明らかにしようと思うならば、近年の言語政策を想起すれば十分である。たとえば今日、社会保障給付を受ける「失業者」は、「労働エージェンシーの顧客」に格上げされる。よく注意してもらいたいが、この顧客は、その生計費を失いたくないと思えば、このサービスを拒絶する選択肢はないのだ。労働エージェンシーが彼らの顧客に相談に来るように招くことはあまりよく知られていないかもしれないが、これはじつにすてきな招待である。顧客がこの招待を受け入れなければ、その後に生じる制裁について顧客は教え諭されることになる。この招待は出頭命令とでもいうべきだろう。ゲッツ・ヴェルナーがかつて述べたように、ハルツ4は、公然たる自由刑の執行に非常によく似ている。

私たちにとって明らかに不要な労働にそもそもどうして補助金を出さねばならないのか？ さらに多くの人手が不要になる可能性があるのに、なぜオートメーション能力を利用しないのか？ オートメーション化を拒絶することは、自由の剰余を拒絶することに等しい。これを望むのは、成果の推進や労働からの開放よりも、職場を創出したり維持することのなかにより高次の善を見出す者だけである。

完全雇用を追求することはすでに、今日私たちに対決を迫る無数の結果をもたらしている。この完全雇用に固執するならば、私たちは企業に、オートメーション化のチャンスを利用しないように要求しなければならない。今日どの程度オートメーション化を進めることができるかを具体的に言うのは困難だが、事態を正確に見るならば、かなり多くのオートメーション化が可能であろう。オートメーション化を完全に拒絶することは、技術進歩の成果を無効にすることを意味する。なぜなら、オートメーション化のチャンスはそれ自体が技術進歩の成果だからである。

私たちが自由について真剣に考えるならば、個人に理性的で可能なかぎり多くの決定を委ねなければならない。自由は、それを個人が入手する可能性が開かれているところでのみ、現実的で生き生きとしたものになる。私たちには各個人がチャンスを掴むかどうかはわからないが、このことは私たちをふたたびある事態へと連れもどす――すなわち、すでに今日私たちの共同体のなかで事実として認めているよりもはるかに多くのことがそこに確立されているものへと、つまり、個人に対する信頼へと私たちを連れもどすのである。私たちは政治的な決定によって決定可能性以上のことを、つまり自由な空間をつくる以上のことを達成することはできない。個人が何を企てるかは、結局のところ個人次第だからである。

最後に、無条件のベーシック・インカム導入によって、私たちのかかえる少なからぬ問題がいかに解決されうるか、また完全雇用に代わる自由がいかに私たちの未来を開くかを明らかにするために、ベーシック・インカムによって可能になる変革可能性をスケッチしたい。

後見ではなく、自由を

無条件のベーシック・インカムは、市民全員に揺り籃から墓場までいかなるときでも支給される——成人であれ、子どもであれ、みな等しく。ベーシック・インカムは、従来のあらゆる社会保障給付に代わるものであって、いかなるコントロールもない。給付申請をする必要もなければ、貧困状態が調査されることもない。〔ボランティア活動などの〕反対給付が求められることもない。これによって、現在の社会福祉システムから生じるあらゆるスティグマは解消される。このようなベーシック・インカムは原理的な選択を可能にする。すなわち、個人が意義深いとみなすことに専念するための自由がつねに各人に与えられる。ベーシック・インカムがあれば、仕事を探すために駆けずり回る苦労は無用になるし、その義務もない。

私たち全員が、人間は誰でもその人なりの貢献をなす準備ができていると信頼することが、あらゆる行動の尺度になる。私たちがそのようにして市民として自分たちを強化することによって、ベーシック・インカムは私たちの共同体を強化するのだ。無条件のベーシック・インカムが高額になればなるほど、それによって、共同体における責任を引き受ける自由はますます推進されることになる。

家族と教育

今日実施されているすべての家族政策はベーシック・インカムによって置き換えられる。現在、家族を経済的に支えることは、家族単位でおこなわれている。しかし、家族全員に提供されるベーシック・インカムがあれば、家族を守ることができて、家族にその人数分だけの所得を確保できる。両親は、子どもたちのために家にいるべきか、あるいは今日の趨勢にしたがって、職業上の成功を第一に考えて、子どもたちを比較的早期に託児施設に任せるかを自由に決定することができる。そのための自由があるのだ。

今日、青少年たちは激しいプレッシャーにさらされている。両親、学校、公的な議論が彼らに影響を及ぼす。すなわち、彼らはいずれにせよ見習いの口を探せといわれる。お上品ぶっていてはいけない。どんな見習いであろうと、何もないよりはまし。幼稚園からもうすでに将来の職業生活の準備をすべきだと考える者も少なくないし、資格証明書を得ることが自己目的になる。私たちはある事柄との、ある任務との、ある挑戦との真摯な対決を推進するのではなく、労働市場での短期的なオリエンテーションを求める——それが私たちの問題をなにひとつ解決しないことをよく知っているにもかかわらず。

若者に対するプレッシャーは冒険の敵であり、見知ったもの、ルーチンの繰り返しを放擲して、不確実な道を切り開こうとする進取の精神の敵である。これからは、個人が決めたことに対して情熱を持ち続けることがこれまで以上に重要になる。この情熱だけが、若者に実際に自由な人生を送らせて、職業上の高まる要求に対しても対抗しうることを可能にする。

今日「だらだらとした無為」として非難されるところのものが、ベーシック・インカムによって「余暇」へと格上げされる。青少年には、彼ら自身の長所がどこにあるかを探り出すようにと、励ましてやらねばならない。彼らの関心がどこにあろうとも、決定的なことは、彼らがそれを実際に欲することであり、そのために私たちは彼らに可能性を与えてやることである。経済的な基盤があれば、彼らは心おきなく親元を離れて、自分の道を進むことができる。このチャンスを摑まなければ、それは彼自身の責任である（今日では不首尾の責任はしばしば他人に転嫁される）。私たちの未来は、私たちの子どもたちによって実現される未来なのであって、これを実現しうるのはベーシック・インカムだけなのだ。

私たちは今日、わが身をいやおうなく労働市場に適応させ、安定した日常生活を送れることだけを基準にして首尾よく就職することを願っているが、ベーシック・インカムはそのような現状から私たちを解放する。好奇心に身を任せて、それに没頭することが人生の規範になりうるのだ。好奇心こそ、未知なるものへと突き進む思考と行動の前提条件である。未知なるものを探索することが、私たちの教育制度のよってたつ規範となるべきであろう。両親に不信の念をもたらし、教員を国家の諜報監視員に格下げする一般的な就学義務を撤廃することもまたその一環をなす。教員がこのような監視任務から解放されれば、まっさらな気持で子どもたちに教え、そうすることによって生徒たちに経験を伝えることが容易になる。

このような改革の前提となるのは、信頼である。その可能性が与えられれば、両親はきっと自身の子どもたちのために正しいことをするにちがいないという両親への信頼である。私たちは「小児用ベッドの制空権」〔両親が子どもたちを正しく教育しているかどうかつねに監視すること〕を確保しようとする政治につき従うのではなく、この改革を可能にすべきであろう。

企業と従業員

公的な団体であれ、私企業であれ、組織は従業員を募らなければならない。仕事を得ようとする人びとに関心を持ってもらうためには、良好な労働条件の提示が自明のことになる。従業員を雇用することは高くつく。なぜなら、ベーシック・インカムが導入された後でなお働こうとする者は、自由意思で働くのであって、特別な動機づけが必要だからである。従業員は無条件のベーシック・インカムによって保護されているから、そのことが彼らに交渉のための力を与えることになる。誰もが、労働条件、労働時間、その他の事項について自由に協議できるようになる。もはや定年年齢を定める必要もない。ラディカルに、先を見越して、オートメーション化の推進が求められ、企業は、これらのチャンスを掴むかどうかで判断される。人間の労働力を大切にし、生涯の時間を自分のために獲得することが、社会システムを脅かすものではなく、目的になるのである。

ベーシック・インカムはじつにさまざまな影響を及ぼすのであって、すでに言及されているのは、それらのうちもっとも重要ないくつかの点にすぎない。賃金は、結果的に、上昇するかもしれないし下降するかもしれない。これはまったく企業と従業員の間の交渉次第であろう。ベーシック・インカムが無条件にいつでも支給されるとなると、賃金は一般的に下がる可能性があろう。というのは、賃金は今日、生存を確保するという重要な役割を担っているが、ベーシック・インカムが実施されれば、この役割から解放されるからである。同様に、賃金が今日相対的に低い場合には、上がる可能性がある。総体的にみれば、ベーシック・インカムによってようやく真の労働市場が成立するであろうし、企業内の雰囲気も変わるであろう。なぜなら、従業員が金銭的なプレッシャーを受けることもなくなるのと同様に、企業も社会福祉的な配慮から従業員の解雇を延期したり、それどころか見送ったりする必要がなくなるからである。

非生産的な産業や経済部門が、社会福祉的観点に即した政治的配慮ゆえに引き続き維持される必要性はなくなる。今日、人為的に市場競争力を保つために特定の部門に出されていて、その認可が反対給付と結びついている公的な補助金は、他の部門のために用立てられることになる。そもそも補助金が別の性格を持つようになる。今日、農業経営には使途の定められた補助金制度がある。これに対して、ベーシック・インカムは農業の補助金ではないが、間接的にそれと同様の結果をもたらす。ひょっとしたら営農家は、使途の定められた補助金を拒否するかもしれない。なぜなら、ベーシック・インカムが補助金を不要にするからである。

参加、承認、信頼

ラディカルな決定を可能にする扉を開くのは、ベーシック・インカムだけである。そして、この自由には責任がともなう。すなわち、いかなる決定を下そうともただちに、自由というチャンスに対する理性的な答えがなければならない。というのは、市民の自由を強化する共同体の決定には、義務がつきものだからである。つまり、自由のチャンスは理性的に利用されねばならない。しかし理性的な利用がどこに存するかがあらかじめ決められているわけではない。職業においてであれ、市民活動においてであれ、また家族内であれ、各人は自ら決定しなければならない。

無条件のベーシック・インカムには決定的な前提条件がある。すなわち、私たちは、市民全員が共通の福利を追求する点で結ばれていることを信頼しなければならない。私たちは、個人が各自の貢献をする準備ができていることを信頼しなければならない。これはすでに今日私たちの秩序の基盤になっているものであるがゆえに、ベーシック・インカムは、私たちが現にすでに持っているものの当然の発展的な帰結であり、同時に未来への一歩、もう一つの自由への一歩なのである。

第三章　反応

異議と回答

『バンク・シュピーゲル』の二〇〇六年第一号で、ゲッツ・ヴェルナーとベネディクトゥス・ハードルプは無条件のベーシック・インカムに関する彼らの構想を紹介した（本書の七二頁以下を参照されたい）。編集部は、その後多くの読者から寄せられた手紙のなかから重要な質問をまとめて、二人の対談者に回答してもらった（『バンク・シュピーゲル』二〇〇六年第二号、通算一九七号「未来をつくり、ヴィジョンを生きる」）。

異議：あなた方は『バンク・シュピーゲル』の対談で、ふつう消費に関しては、金持ちは貧乏人よりも支出割合が比較的少ないことを確認しておられます。そうすると、課税を消費課税に切り替えた場合、財産の集中傾向ははるかに強化されるのではありませんか？しかし、税立法で舵取りの難しい点は、一方では私的イニシアティヴを推進しつつ、他方では強力な資本集中を防止するというバランスをとることにあるのではないかと思いますが、いかがですか?

回答:通例、高所得層の人びとの収入における消費支出の割合は、低所得層の人びとの場合よりも低い。しかし、高所得層の消費支出の絶対額は、低所得層よりも大きいのです。貨幣収入が高くなればなるほど、財とサービスに対する支出が基本的な生活必要量を超える程度が大きくなります。ドイツの売上税は、基本生活必需品の消費支出に対しては、他の物(現在一九パーセント)よりも低率の税(七パーセント)が課せられています。つまりこれは、どの程度の所得にどの程度の税を課すかという——税率の高さと税の細分化——税率の構成の問題なのです。私たちの税制は、資本と財産の集中を制限、もしくは防ぐべく設定されているという見解は、近視眼的です。大きな投資プロジェクトには十分な資金が必要になります。しかし問題は、資本の所有権がいかに規制されるかであって、私たちの基本法〔ドイツの憲法〕では、「所有権は義務をともなう」〔これは基本法第一四条第二項にあり、さらに「その行使は、同時に公共の福祉に役立つものでなければならない」と続く〕と規定されています。公共社会における所有権がいかに編成されるべきかについては、今後検討されるべき余地があることはたしかでしょう。結局、所得再分配によって生まれる差異をふたたび「公正に」平準化することが国家の任務であるかどうかが問題になります。

異議：原則的に所得税が廃止されることにともなって、企業所得や資本所得への課税もなくなりますね。それによって、高額所得者や資本所有者は従来よりもはるかに高い可処分所得を手に入れるでしょう。つまり、消費税を高くするだけでは、これらの所得増大分を埋め合わせることはできないでしょう。

回答：名目上の所得課税から消費課税へ——正確に言えば、実質所得への課税へ——と税制を転換することは、名目上の所得という源泉にもとづくのではなく、所得の使用、つまり社会的な価値創造から生まれた成果をどれだけ利用したかという利用実績にもとづくのです。私たちの税制提案は、三つの観点から構成されています。第一点は、個人は自身の実質所得を得るために何を支出しているか（別のものが彼にもたらされる）？　第二点は、個人は価値創造手段を生み出すために何を投資しているか（職場）？　第三点は、個人は自身の貨幣所得から第三者に何を譲渡しているか（たとえば、贈与）？　以上の三つです。第一点は、個人にあっては消費として課税される。第二点は、価値創造手段を生み出すために貢献するから、非課税とされる。第三点は、譲渡所得を受取る者は税金を払う、ということです。

異議：今日、七二〇〇億ユーロにのぼる社会保障関係予算は、それらが税金によって賄われるかぎりにおいてのみ、ベーシック・インカムの財源として利用可能になります。これに該当するのは、たとえば生活保護や児童手当です。しかし、法的に定められた公的年金の場合には、給付請求する前に保険料を払い込まねばなりません。

回答：従来の社会保障を統一的なベーシック・インカムに改編することが問題になるのです。現行の社会保障は税金による負担か、あるいは法的に規定された分担額で成り立っています（公的年金制度や失業保険・雇用保険）。金は強制的に徴収されますから、私たち市民にとっては、従来とちがいはありません。これまですでに社会保障費（ベーシック・インカムの基本財源）に充当されていたものすべてを、新しい、より簡素でわかりやすい形態へとまとめることが必要になります。従来のシステムについても、私たちはかつて一度決断をしたわけですから、今また新たに別のシステムを決断できるはずです。

異議：消費税をとおして徴税されるとなると、生活費が高騰します。基本保証〔ベーシック・インカムと同意〕は現在よりも高く設定される必要があります。そうなると、多くの人びとが消費税の低い外国で買物をしたり、インターネットで外国から商品を取り寄せたりするのではありませんか？

回答：税制の転換によって生活費が高くなることはないでしょう。なぜかといえば、高くなる消費税は、現行では企業に課せられている収益税がなくなることによって相殺されるからです。すなわち、製品価格のなかから、もはや徴収されない企業税が消える一方で、購買力のある貨幣収入は消費前には税金として吸い上げられることはないので、その結果、全体の価格水準は基本的には安定した状態で推移しうる。ちなみに私たちは、すでにこの税制の転換プロセスのなかにいるのです。欧州連合（ＥＵ）内の種々の異なった税制では、「国境を超えた」買物――かなり高い移動費用を勘案すると――の際には小さな相違はありえます。大がかりな買物に対しては、国境で従来どおり後から課税しなければならないでしょう（「輸入売上税」）。インターネットで注文される商品に関しては、国内水準にしたがった輸入売上税が課されることになります。

異議：私は現在高収入を得ているけれど、ベーシック・インカムをもらえるのならば、もう働くのは止めようと思います。私のように考える人は少なくないのではないでしょうか。そうなると、経済的な基盤が蝕まれる。すなわち、価値創造がおこなわれなければ、税金を徴収すること自体不可能になるのではありませんか。

回答：社会的な価値創造に、つまり人間の社会生活に自分の能力を生産的に組み入れることに関与することなく、「安楽に」暮したいと思う者は、そうすればよいのです。そのような人間は今日すでに存在しています。彼らに労働を強いれば、他の人びとの仕事を無にしてしまうでしょう。他方、じつに多くの人びとが、特に年配の人びとは有用な活動をしたいと思っているし、そうすることでふたたび社会生活に組み込まれることになります。私たちの世界では、自発的に何かをしようと思えば、誰にでも仕事や役割があるものです。ベーシック・インカムによって可能になる追加的な自発的活動を自由におこない、そうすることによって豊かな社会の果実を獲得するか、あるいは、「偉大な兄弟《ビッグ・ブラザー》」〔ジョージ・オーウェルの小説『一九八四年』に登場する独裁者〕がすべてを監視する管理国家に順応するか、私たちの目の前には二つの未来が開かれているのです。

読者からの手紙（二〇〇五年七月一二日のシュトゥットガルト新聞）

ヴェルナーのテーゼ

「デーエム・ドゥロゲリー・マルクト」の創業者であるゲッツ・ヴェルナーは、七月二日付のシュトゥットガルト新聞とのインタビューで常識はずれの見解を表明した。経済の任務は、人間を労働から解放することにある、とヴェルナーは主張したのである。彼は無条件の市民所得《ビュルガーゲルト》〔ベーシック・インカム〕の導入と、付加価値税を除くすべての税の撤廃を主張する。付加価値税は最高で五〇パーセントまで引き上げられるという。

文化危機

ブラボー！　ついに一人の企業家が、産業製品の製造に際してはよりよい手段の導入によって労働力を節約し、それによって人間の負担を軽減することを表明したのだ。商品は溢れているが、仕事はない！　このようなときにあらわれたヴェルナー氏の提案はじつにすばらしいものだ。国家から各人に支給される市民所得《ビュルガーゲルト》によって基本的な生活費はカバーされる。他方、そのための財源となる付加価値税は最大五〇パーセントまで引き上げられるが、他のすべての税金は廃止される。そして、金銭報酬の支払われる仕事は肯定的な人生の価値として、また人生に意味を賦与する、追求するに値する善とみなされるのだ。階級闘争は過去の遺物となって私たちの背後に消える。そのためには新しい思考が必要とされるだろうし、文化危機が生ずるだろう。なぜなら、人類はこのパラダイムの転換にまず倫理的に順応しなければならないからだ。これは政治と社会の大きな課題であって、この課題は全員が力を合わせることによってのみ首尾よく解決しうるだろう（H・M）。

明確に述べる

シュトゥットガルト新聞が、そもそもこのようなことを公開してくれたことに対して感謝する。ついに重要な人物が問題点をはっきりと指摘し、なぜ今日の思考があらゆる政治的な方向において、さらには学問や経済においても危機から脱出しえないかを示してくれた。市場が飽和状態に達すれば、宣伝によって成長を期待することはできない。市民所得《ビュルガーゲルト》の理念がこれほどおずおずとしか進まないのはなぜなのか？　「あなたがたの考え方を改めよ！」という聖書の言葉を気にとめないひとはおそらく、ヴェルナー氏を幾重にも憫笑し、空想家として片づけるかもしれない（R・H）。

新しい思考

政治や経済の主導的な集団が途方に暮れて、なんら有効な構想を示しえない時代にあって、一企業家が尋常ならざる思考によって新たなことを考えているというのは、じつにありがたいことである！　相変わらず知ったかぶりをする著名な守旧派の一団は、またもや新しいアイデアに襲いかかる。これらの灰色の男や女たちこそ、現に私たちが立っているこの奈落の底に私たちを連れてきたのではなかったか？　私たちのように単純な人間が知っていること、それは、古いシステムはもう長くはもたないということだ。新しいことにすぐにトライして、議論し、考量し、試してみることはできないものだろうか？（M・W）。

未来への道

政治は、（ありとある不適切な手段で）失業を克服するつもりだとことあるごとに地蔵車よろしく繰り返してきたが、現在も未来も失業者が数百万人も存在するという事実を、今こそ経済・社会プログラムを作成する際に顧慮すべきであろう。人間を浄福に導くのは唯一労働だけであると、いったいどこに書かれているのか？　ゲッツ・ヴェルナーの詳論はまさに急所を突いており、彼の提案する市民所得《ビュルガーゲルト》は正しい方向への一歩である。ただし、ことはゆっくりと進めなければならない。それゆえ、付加価値税を、他の税を廃止するのにあわせて、段階的に高めることは、未来へと続く道の礎石であろう（R・J・M）。

エリートが求められる！

ヴェルナーは有能な企業家であるばかりか、人間の未来について考える人でもある。これは、近視眼的な思想家がうんざりするほど溢れているなかで一筋の光明である。彼は問題を解く可能性について、すなわち市民所得《ビュルガーゲルト》について、さらに文化的な基盤をなすところの労働に関する新しい見解について語る。これによって同時に、ますます多くの人間が労働者としてだけではなく、消費者としても資格停止が宣言される一方で、社会のあらゆる領域で非常事態が幕指数的に増大するという耐えがたい展開にストップがかけられるであろう。システムを根底から変える型破りのアイデアをあっさり葬り去ることなく、真摯な取組みがなされるべきだろう。しかし、そのためには真のエリートが必要とされるのだが、わが国にはこれがもっとも欠けているのだ（J・D）。

道を切り開く

私たち（妻と私）が新聞の経済欄を読むことはまずありません。非常に喜ばしい例外になったのが、ゲッツ・ヴェルナー氏のインタビューでした。ひょっとしてそれは、スタイル（論文ではなくて、インタビュー）のためだったかもしれません。金融や税金の専門家はきっとあれこれと――あるいは原理的に――異なる見解をお持ちかもしれません。それでも、私たちの政治指導者が、この国で被雇用者としてまた企業家としてさらに生きてゆく（ゆかねばならない）者みなが通行可能になる新たな道を、税と法律のジャングルのなかに切り開く試みをしてくれることを期待します。その可能性が高くなりつつある大連立政権〔この投書は二〇〇五年九月におこなわれた連邦議会選挙前の七月に書かれているから、非常に先見の明があったことになる〕がこれを連邦、州、地方自治体レベルで、ドイツとそのすべての住民のために、議会を通じて実施してくれることを望みます。私たち住民はそれを切望しています（B・G・M／G・M）。

ドイツの周囲の壁

ヴェルナー氏の発言は、これをグローバルな視点から見ると、問題である。「今日私たちは消費しうるよりもはるかに多くのものを生産できる状態にある」という核心をなす発言は、その主旨において、この「私たち」が何をあるいは誰を指しているのかについてその背景を探る必要がある。私たちは、生産国でバナナ一キロを三セント（一ユーロは一〇〇セント）で、コーヒーカップ一杯分のコーヒー豆を一セントで「買う」。私たちは多くの領域で、一時間対一〇〇〇時間という第三世界との交換関係に慣れてしまっているのだ。中国の繊維製品やシューズについても、本来の受益者はブランド品を展開する多国籍コンツェルンと私たち消費者なのである。中国とインドに責任を押しつけること、また高い関税をかけることは、自由市場経済との訣別を意味しよう。

一五〇〇ユーロの市民所得《ビュルガーゲルト》も検討に耐え得ない。私たちは、人類の半分以上が一日当たり二ドル以下で、それどころかときには一〇セントでなんとか生き延びるほかないという事実を受け入れている。ドイツの周囲につくられた壁の内側では、失業者は誰でも一日当たり約六〇ドルを自由に使ってかまわないというわけだ。結局のところ、金融の流れは妨げられることなく世界をめぐることが許される。

財の流通は、一国の利害のために希望に応じて関税によってブレーキをかけてもかまわないとされる。世界の残りは、路上に金がころがっているドイツに定住してその豊かさの恩恵に浴することを妨げられる。そのような世界が統治可能だというのだろうか？（H・S）。

アイデアを迅速に実現する

ヴェルナー氏のインタビューは事実を明確に示してくれる。企業に新たなテクノロジーが導入されると、それは結果的に職場の減少をもたらす。これは新しい知見だろうか？　そんなことはない。あるいは、これを明言したのはヴェルナー氏が初めてだろうか？　ひょっとしたら私たちは、国民経済における胸踊るような転換期を経験しているのに、残念なことに、私たちが必死になって「古いもの」にしがみついているがゆえに、そこにある可能性を認識できずにいるのではないだろうか？

職場がますます少なくなるとしたら、私たちはこの自由な時間をどう活用すればよいのか。カリカチュアに描かれているように、テレビの前の安楽椅子に座る？　私たちの生計費は財政的に確保されていると想定してみよう。そうなると、どんな新しいチャンスが生まれるだろうか？　ひょっとして、今日「支払えなくなっている」仕事（たとえばサービス部門）を喜んで引き受けることが可能になるのではないだろうか？　私はヴェルナー氏の見解に同意する。私たちは私たちの経済の成果を誇りにしてよいのだし、新たな可能性を創造的に利用すべきであろう。ヴェルナーのアイデアと予測は興味深い。それらは、実際にテストしてみる価値がある。いつ始めるのか？　今すぐに！（Ｐ・Ｖ）。

さらなる投書と反応

素晴らしいアイデアなのに、なぜ政治から無視されるのか？

ヴェルナー教授！　あなたが無条件のベーシック・インカムのためになさっている活動は素晴らしいものです。あなたとあなたの協力者に心からの挨拶を申し上げます！

私はこれに関して判断をくだすことができると自負しております。なぜならば、私はすでに一九八三年の秋に、アッヘンゼー（チロル地方）の西にあるシュレックシュピッツェへの山行の際にある知合いの医師とこのテーマについて議論をしたからです。おそらく当時――転換期のずっと前です――そのようなことを考えるきっかけになったのは、職場を確保するのに必要だと正当化されていたじつにバカげた補助金（たとえば石炭採掘）に対する不満でした。あるいは私はデータ処理の開発研究者としての経験をとおして敏感になっていたのかもしれません。その分野では実際に長年不当な扱いを受けてきた合理化の成果への希望がようやく満たされ始めていたからです。

私のアイデアについては、当時の私は二つの主要な点で失敗しました。第一は、繁栄している連邦共和国〔当時の西ドイツ〕がそのような実験を実施したら、貧しい隣国の人びとがドイツへなだれ込んでくるのではないかという問題。第二は、無条件のベーシック・

インカムへの実践的で公正な移行はどうあるべきか、という問題でした。最初の問題は、最近二〇年間の政治的・経済的な発展によっていわば自然に解決されました。第二の問題に対しては、私が当時思いつかなかった天才的な手がかりをあなたはお持ちです。すなわち、少しずつ始めること、そして絶えず調和のとれた方向転換をすること！　その点に関して、私はあなたに無条件に、心からの敬意を払います。

しかし、現実はどうでしょうか？　新聞や報道は、長期失業者を虐めるための、こせこせしたきわめてバカげた種々の提案で溢れていますし、あいかわらず職場創出にかかわるひどくナンセンスなプロジェクトが推進されて、各方面から必要とみなされている労働コストの削減については語られることばかり多くて、ほとんど何もなされてはおりません！　なぜこれほど理性的で当然と思われるアイデアが政治の世界では何の反響もないのでしょうか？　どうしたら影響力のある政治家を獲得できるでしょうか、たとえばメルケル女史〔現首相〕のような。彼女はもともと物理学者ですから、合理的な論拠には関心を示すにちがいないのですが。

尊敬するヴェルナー教授、私はたまたまあなたの活動について聞き及んだとき、ほんとうに感激しました。私は七二歳ですが、経済がせめて少しは理性的なほうへ向かう端緒を身をもって体験できることを切に望んでおります！（P・H）。

社会が決定すべきベーシック・インカム

尊敬するヴェルナー教授、無条件のベーシック・インカムの創設は、私にとっていの一番に規範とされるべき社会的な決定であり、なんら経済学的な正当性を必要とするものではないと思われます。いずれにしても結局、ベーシック・インカムは対立する評価に遭遇するでしょうから。人間ひとりひとりに人間存在のための生存保証を与えるか否かを決定することは、経済学者たちの権限に属することではありません。生存保証の決定が下された後にはじめて、できるだけ最適な実施の方策を探るという課題が経済に課されるのです。先験的《アプリオリ》にベーシック・インカムは実施不能だとするような論拠にはなんら価値はありません。

現状から出発する多くの人びとにとって、根本的な変革はユートピア的と思われる傾向があります。しかし、ベーシック・インカムに社会的・規範的な決定がいったん下されれば、実施プロセスは軌道に乗るでしょう。そして、その経過が首尾よく進めば進むほど、他国もますますドイツの成功例から目を逸らすわけにはゆかなくなるでしょう。

むろん統一的には扱いえない、特殊個人的な作用も生じるかもしれません。じじつ無気力になり意欲を失う者もいるかもしれませんが、これはいずれにせよ避け得ないことです。

しかし、それが普通のケースになるとは思えません。そのような悲観的な予測は、不安からの解放という途方もなく大きな力を見のがしており、この力こそ各個人にまったく新たな行動と変革のための潜在能力を開くものです。すなわち、この力によって――多くの人がそうであるように――生存の不安ゆえに停滞と不満のなかでじっと我慢することなく、また個人的にいちかばちかの勝負をする必要もなく、慣れた道と活動を捨て去ることが可能になるのです。社会的な軋轢は今後ともあるでしょうが、可能性としては、各個人にとって災禍をもたらす結果は著しく減少するでしょうから、その結果、おそらく実際に質的に別種の、よりよい社会形態の到来について語ることができましょう。

左右の（中央からも含めて）教条主義《ドグマティズム》を克服するのはたしかに難しいかもしれません。しかし管見では、原則的にみて、問題になっているのは、伝統的な右か左かの分類を凌駕する非常に幅の広い合意形成が可能なプロジェクトなのです。したがって、ベーシック・インカムの主旨に賛同してこれを呼びかける者たちが、社会の特定の層に焦点を合わせることは意味がなく、非常に異なるさまざまな社会グループでベーシック・インカムというプロジェクトの宣伝をしなければならないし、することができるのです。ベーシック・インカムが、私たちが現在予想し、望んでいるよりもはやく実現されとしても、私は驚かないでしょう（G・F・G）。

資本主義と社会主義のもっともラディカルな形態

二つの対立する魂が私の胸のなかで闘っている。自由の理念と公正の理念である。そのうえさらに、経済システムの効率からも目を離すわけにはゆくまい。ゲッツ・ヴェルナーのベーシック・インカム構想は、私の社会主義的な心情と新自由主義的な理性とを宥和させるものである。（……）

ゲッツ・ヴェルナーのテーゼは私にとっては、社会主義的に可能なもっともラディカルな形態であると同時に、資本主義のもっともラディカルな形態でもある。これが社会主義に可能なもっともラディカルな形態である理由は、おそらく他の経済システムにおいては、社会構成員の労働成果とはかかわりなくメンバーの全員に高額の基本年金が保証されうるなどというのはありえないからである。しかも、この基本年金の裏づけとなるのは、資本主義的生産様式に内在する恒常的な合理化と革新《イノベーション》の力を備えた、妨げられることなく進展する価値創造プロセスなのだ。

しかし、ベーシック・インカム構想は資本主義のもっともラディカルな形態でもある。なぜなら、基本年金を全員には支給しないという、よりラディカルな資本主義の形態を貫徹することは不可能だからである。つまり、資本主義もまた消費者を必要としているのであって、ますます多くの者が資本主義に起因する合理化によって失業し、それにともなって市民所得《ビュルガーゲルト》もなく無資産状態におかれるならば、資本主義は成り立たなくなるからである（S・D）。（この投書の全文は次のウェブサイトで公開されている。www.unternimm-die-zukunft.de/Ausgewaehlte_Texte/）。さらに多数の投書および議論が以下のウェブサイトのフォーラムで公開されている。www.unternimm-die-zukunft.de

〔解題〕

ゲッツ・W・ヴェルナー著『ベーシック・インカム――基本所得のある社会へ』に寄せて

小沢修司
（京都府立大学）

本書は、二〇〇六年にドイツで出版されたゲッツ・W・ヴェルナー著『ベーシック・インカム――基本所得のある社会へ』Götz W. Werner, *Ein Grund für die Zukunft: das Grundeinkommen Interviews und Reaktionen*（Verlag Freies Geistesleben, 2006）の翻訳である。書物自体の成り立ちについては訳者あとがきに譲るとして、読者への便宜を図るためヴェルナーらが主張しているベーシック・インカム構想とは何であり、また本書の特徴がどこにあるのかについて若干の解題をさせていただくことにする。

ベーシック・インカム構想とは？

ベーシック・インカム構想というのは生活に最低限必要な所得をすべての個人に無条件で支給することによって「万人の真の自由」（ヴァン＝パライス）と無条件な生存権を保障しようという構想であり、戦後「福祉国家」における社会保障制度が機能不全するなか、「生活を支える新しい社会政策」として注目を集めてきている考え方である。ベーシック・インカムの支給に伴って、現行の社会保障給付（保険、手当、扶助）のうちの現金給付部分（年金、生活保護、失業保険など）が廃止される。個人所得税制における所得控除は不要になり税制と社会保障制度の統合が実現する。社会保険料の徴収や記録に関わっていた「役所」や経費は不要となり、福祉給付で不可欠であった選別主義的な資力調査（ミーンズテスト）に用いられる行政経費も不要となる。

こうしたベーシック・インカム構想は、一九八〇年代以降ヨーロッパを中心に大きな関心が寄せられてきたが、万人への無条件な生存権保障という構想自体は古くは資本主義の成立の初期にまでさかのぼって確認することができる。十八世紀末のT・スペンスやT・ペインの所論にベーシック・インカムの端緒を見ることができ、イギリスにおける一七九五年のスピーナムランド制は実行に移された最初の試みであるとみなされている。その後、両大戦間期になると、D・ミルナーの国家ボーナス構想、C・H・ダグラスの社会クレジット提案があり、ノーベル経済学を受賞したJ・ミードは一九三〇年代から社会配当論を彼の生涯を通じて主張している。

戦後の福祉国家の基本的モデルを提案したベヴァリッジ報告への対案として、J・リーズ・ウィリアムズが新社会契約構想を発表し、そのなかで今日のベーシック・インカム構想につながる提案を行っている。また、一九六〇年代になると「貧困の再発見」すなわちワーキング・プア（働く貧困者）の広がりに対しアメリカではM・フリードマンが負の所得税提案を行い、イギリスにおけるタックスクレジット提案とあわせて活発な議論が行われている。

これらさまざまな提案はベーシック・インカムと共通する性格をもったものといえ、他にも、デモグランド、保障所得 guaranteed income との呼び名も見られる。

こうした中、一九八〇年代以降になると、ベーシック・インカムとしての呼び名で統一され、急速に大きな関心をもって議論されていくことになる。契機となったのは、一九八四年のイギリスにおけるベーシック・インカム・リサーチ・グループ（BIRG）という研究グループと、一九八六年のベルギーに本部をおくベーシック・インカム・ヨーロピアン・ネットワーク（BIEN）の結成であり、BIENが主催する国際会議は一九八六年以降、今日に至るまで隔年で継続して開催されている。なお、BIENが開催した二〇〇四年のバルセロナでの会議ではＢＩＥＮ自体の組織の名称をベーシック・インカム・アース・ネットワーク（略称はＢＩＥＮと変わらず）に変更し、代表にブラジル出身のEduardo SUPLICYがヨーロッパ以外から始めて就任することとなった。ここに、ベーシック・インカムへの世界的関心の広がりが象徴されている。ちなみに、二〇〇六年の会議は南アフリカのケープタウンで開かれ、二〇〇八年はアイルランドでの開催が予定されている(1)。

ところで、なぜ一九八〇年代以降にベーシック・インカム構想の新たな展開が見られるようになったのであろうか？　それは、一九八〇年代以降の社会経済変化が戦後福祉国家なり社会保障制度なりが前提としていた「労働」や「家族」のあり方、「環境」との関わり方を一変させてしまったために、福祉国家における社会保障制度が機能不全に陥ってしまったからだといえる。

「労働」についていえば、グローバル化が進展する中、失業率の高騰、パート、アルバイト、派遣など雇用の不安定化と非正規化、労働組合の組織率の低下が進み、とくに九〇年代以降は失業の長期化、ホームレスの急増などによる社会的排除の広がりが進行する。「家族」についていえば、働く女性の増大、単身世帯の増加など家族形態が多様化し、「男性稼ぎ手モデル」の専業主婦型家族が「標準家族」ではなくなっていく。そして「環境」

との関わりでいえば、経済成長によって得られる税収や所得の向上をもとに所得再分配的な福祉国家の機能を発揮させるといういわば福祉国家と経済成長との「好循環」が、深刻な地球環境破壊を前にして求められる「持続可能な経済発展」への対応のため転換を迫られているのである。

これらの諸変化は、いわば「労働の安定」と「家族の安定」をベースに築かれてきた戦後福祉国家の社会保障制度が「労働の安定」と「家族の安定」を逆に補強するという作用と反作用の関係性の継続を不可能にし、「環境」に負荷を与え続けて始めて成立しうる経済成長至上主義的、「生産主義的」な福祉国家の存立を危うくさせるものであることはいうまでもない。ここに、「労働」や「家族」の特定のあり方とは無縁で（すべての個人への無条件な所得保障）「脱生産主義的」なベーシック・インカムが新しい社会保障の構想として注目され、新たな展開が見られるようになった根拠がある。(2)

経営者的立場からのベーシック・インカム論

さて、いよいよ本書であるが、この書物の特徴のひとつは、編者のヴェルナーが全ヨーロッパ規模で企業展開をしているドラッグストアチェーン（デーエム）のオーナーであるという点、すなわち経営者的立場にあるものがベーシック・インカムの導入を精力的に説いているという点にある。収録されている論考は、二〇〇四年から二〇〇六年にかけてドイツ国内のさまざまな雑誌や新聞に寄せられた論文、対談、座談会の類であり、ドイツにおけるベーシック・インカムへの社会的関心の高さを伺い知ることができて有意義であるが、ヴェルナーらは、ベーシック・インカムの導入によって企業、労働者を問わずドイツ経済全体の活性化がすすみ、ひいては人間の発達につながる社会へと発展していくことができることについて確信を持って語っているのである。

「すべての個人への無条件な所得の保障」と聞くと、人はそれを社会主義的な考え方ではないかと受け止めるのではないか。講義や講演で私の話を聞いた学生や市民の方々の最初の反応もそうである。しかしながら、ベーシック・インカム構想にはいろいろな立場の人たちが賛成したり反対したりしている。もう少し正確にいうと、賛否が立場によって鮮明に分かれるのではなく、労働者にも賛成者と反対者がいる、フェミニストにも賛成者と反対者がいる、エコロジストにも賛成者がいるし反対者もいる、そして経営者にも賛成者がいれば反対者もいるという具合なのである。(3) 社会主義的かとも思えるし、ベーシック・インカム支給によって生活の安定が図られれば賃金は純粋に市場経済での決定に委ねられることが可能となるために市場主義が貫徹されるという点で資本主義にも親和的なのである。こうしたものとしてヴェルナーの本書がある。

資本主義の経済発展が「要求」する新たな公共システム

このようなベーシック・インカム構想はいったい何者なのであろうか？　私の理解はこうである。「人間の生活と資本主義社会の生活原理の矛盾」の発展が呼び寄せた、（二十一世紀の）今日段階における「人間の生活を支える公共システム」がベーシック・インカムなのであると。どういうことなのか。

資本主義社会の生活原理は、働いて得た賃金（所得）で生活に必要な商品を市場で購入し生活の営みを行うというものであり、いわば自立自助である。働くことで所得を得て生活する、すなわち労働と所得が一致していることにある。今日の資本主義社会では至極当たり前であるこの生活原理は、働く機会が安定的に保障され賃金が生活を維持するのに十分であり、家族内で「労働力の生産と再生産」（生殖、育児、家事など）が安定的に担われる限り、なんらの問題もなく順調に機能する。しかしながら、誰もが順調な生活を送れるはずもない。万一、働く機会が保障されなければ、得られる賃金が低かったら、家族が「解体」していけば、など絶えず不安定要素を抱えた生活なのである。

資本主義社会の生活原理が内包している不安定さが、資本による無際限な労働力の疲弊と市場経済の嵐のなかで時として社会立法（工場法による労働時間の規制など）の制定を促し、あるいは「労働の安定」と「家族の安定」をもたらすことで資本主義社会の生活原理を再活性化、機能させようとする戦後福祉国家を実現させてきたのである。このようにみれば、資本主義経済が引き起こす「人間の生活と資本主義社会の生活原理の矛盾」の発展が二十世紀段階で呼び起こした「人間の生活を支える公共システム」が戦後福祉国家であると捉えることができよう。

ところが、である。高度な生産力の発展は製造業における雇用機会を削減し、より少ない雇用を巡る生存競争の激化はグローバル化の進展ともあわさって「働かざる者、食うべからず」の強迫のもと、働く者の健康、家庭生活、労働の尊厳を奪い去っていく。雇用が増加するサービス産業、とりわけ対人社会サービスの領域での低賃金、劣悪な労働条件状況は人間的な生活を保障するものでは決してない。労働と所得を一致させることによって資本主義社会の生活原理の再活性化を図った戦後福祉国家は、こうして新しい「人間の生活を支える公共システム」に道を譲らざるをえなくなる。それが、労働と所得を切り離すベーシック・インカムなのである。「生活のために労働市場に依存せざるをえない状態に国民の大半を追いやってきた流れと手を切らねばならない」(オッフェ)のであって、労働とは切り離してひとまず生活の安定のために所得を保障するのである。そうでなければ、資本主義は延命しえない。そこまで「人間の生活と資本主義社会の生活原理の矛盾」は来ている。これが私の理解である(4)。

ベーシック・インカムをこのように捉えて始めて、さまざまな立場から賛成もあれば反対もあるという「分からない」議論状況がよく理解できるものとなる。そういう意味で資本主義とも親和的であり社会主義とも親和的なのである。

したがって、ベーシック・インカムの導入は目指すべき到達目標とはなりえない。ベーシック・インカムの導入は二十一世紀の今日段階において不可避な「人間の生活を支える公共政策」の所得保障版なのであって、ベーシック・インカム導入後も資本と労働の対抗関係は続く、しかしながら「より人間的に」繰り広げられることになるのである。

この理解は、かつてマルクスが行った労働時間の短縮についての洞察と共通している。すなわち、資本主義経済の発展が労働時間の短縮を不可避的に「要求」し、労働時間短縮のもとで資本と労働の対抗関係が「人間的に」闘われ、そして労働時間短縮があらゆる社会進歩の根本条件となるという洞察と。労働時間の短縮は労働者の生存や発達にとって欠かすことのできない要件だが、とくに大資本は生産性の向上や中小資本の駆逐のために活用することもできるのである。

したがってまた、いうまでもないがベーシック・インカムは万能薬でもない。所得保障の構想にとどまるものであって社会保障制度のいわゆる現物給付（社会サービス）部分の構想は別途立てられなければならない。「男性稼ぎ手モデル」という家族イデオロギーに男性や女性を縛り付ける呪縛からは人びとを解放するが、それ以下でもなくそれ以上でもない。男女間の性別分業を解消する効果は、ベーシック・インカム自体には存在しない。それで十分なのである。必要ならば別途方策を考えればよい。

消費税を財源とするベーシック・インカム論

本書のもう一つの特徴は、ベーシック・インカムの財源を所得税ではなく消費税に求めていることである。

ベーシック・インカムの財源については、所得税に求めるものから環境税や相続税、法人税強化に求めるものまで千差万別であり、一様ではない。ロバートソンなどは自然環境から「人間が引き出した価値」に課税するといっている。(5)

ちなみに私は所得税に財源を求めている。(6)一人当たり月額八万円を日本に居住するすべての個人に支給するとして年額一一五兆円が必要となるが、所得控除廃止後の給与所得総額(約二三〇兆円)に約五〇％の比例課税でもって調達する試案を提案している。(7)この提案はわが国でベーシック・インカム構想が真剣に議論されるきっかけとなったが、私が勤労所得税に財源を求める理由は、ベーシック・インカム構想における基本形がそうであるとの理解があることに加えて、年々新たに富を創造するのは労働でありそこを所得の源泉にするのが相応しいと考えたからである。これに対して、労働と所得を切り離すといいながら給付の財源面では所得の源泉である労働との関係を断ち切ることができていないとの批判をいただいたことがある。(8) 切り離すべきは、これだけの労働を提供したのだからこれだけの所得が得られるという労働と所得の一対一対応なのであって、総体としての労働と所得の一体性は富の源泉が労働である以上切り離すことはできないのは当然であろう。この点、誤解のないようにしていただきたい。

こうした中、ヴェルナーは、価値を創造するのに貢献する生産への課税ではなく、創造された価値を消費するものに課税する（「たくさん消費する者はたくさんの税を払い、つつましく生活する者は少ない税を払う」）ことを提唱し、所得税や法人税を廃止することまで主張している。法人税廃止の主張には、法人税はすべて商品の価格に転嫁されているという理解がある。

これに対して、経営者的発想であると批判することはたやすいが、ヴェルナーの議論は所得税制の意義と限界といった近代税制の歴史的位置付けを含めて生産関係の変化を踏まえた税制のあり方の検討について問題提起を行っていて、真摯な検討が求められるものといえる。租税思想の古くて新しい論点である、「所得税か支出税か」論争や所得概念を巡る議論が、二十一世紀における「人間生活を支える新しい公共政策」たる「ベーシック・インカムのある社会」の構想を巡って検討される必要があるのである。

新しい社会を構想する楽しさと喜び

私は読者に先んじて翻訳された本書の原稿を読む機会を得て望外の喜びを感じている。なかでも、ヴェルナーらがベーシック・インカムの導入によってどのような未来社会が広がるのかを楽しく、そして確信を持って語っていることには大いに励まされることとなった。生活のために否応なく働かなくてはならないという強制から労働の苦悩の源泉を取りのぞき、人間的喜びと尊厳に満ちた労働を人間の手に取り戻そうという主張は、多くの人の共感を得ることになろう。

本書で言及されている（六四頁）が、心理学者のE・フロムが一九六六年に人間は何事かを成し遂げたいと欲するものであり仕事なしには人間は狂ってしまうと述べたとの下りがある。気になって探してみたところ、ロバート・セオボルト編『保障所得―経済発展の新段階』（浜崎敬治訳、法政大学出版局、一九六八年）にフロムの所論（「保障所得の心理学的側面」）が収められているのを見つけることができた。原著は一九六六年に出版されている。(9) 出典の注記がないために同じ原典であるかどうかの確認はできないが、フロムはベーシック・

インカムが労働意欲を減退させるのではないかとの懸念に対し、人びとに多くの仕事が無くなってきている（無くなっていく）のに勤労意欲を云々するのは見当違いであると指摘したうえで、物質的刺激だけが勤労や努力に対する刺激ではなく、自負、社会的に認められること、働くこと自体の喜びなども刺激となることをはっきりと述べている。

いずれにしても、「ベーシック・インカムのある社会」を構想することは楽しいものがある。今日の貧困状況をしっかりと見据えながら、社会保障制度の機能不全を白日の下にさらけ出し、代わるべき新しい社会保障制度や新しい社会のあり方、その姿を構想力豊かに描き出す、そのことの大切さと楽しさを本書から学ぶことができた。

繰り返しになるかもしれないが、ベーシック・インカム構想は本書ですべてが語られているのではない。ある立場からのベーシック・インカム論と受け止めていただければよい。しかしながら、読者のみなさんには、常識的な発想、当たり前と思われていること（働いて所得を得て、その所得で生活を維持するということ）をひとまずリセットしてベーシック・インカムが言わんとしていること、実現しようとしていることを自由な精神で受け止めていただきたい。そうすれば、未来への希望、新しい社会ビジョンが広がっていく、そのことを本書は訴えかけているのである。

注

（注1） 拙著『福祉社会と社会保障改革―ベーシック・インカム構想の新地平―』高菅出版、二〇〇二年を参照。なお、BIENのホームページ http://www.etes.ucl.ac.be/BIEN/Index.html も参照。

（注2） かかる点につき、二十世紀的「福祉国家」の前提との関係で論じたものに、拙稿「ベーシック・インカム構想と新しい社会政策の可能性」社会政策学会編『新しい社会政策の構想―二十世紀的前提を問う―』法律文化社、二〇〇四年三月、pp. 18–31、戦後「福祉国家」の社会保障制度が有していた「持続可能性」との関係で論じたものに、拙稿「『持続可能な福祉社会』とベーシック・インカム」『公共研究』第3巻第4号、二〇〇七年三月、pp. 46–63。

（注3） 本書で言及されている（一〇六頁）アンドレ・ゴルツは、エコロジスト的マルクス主義者として有名であり、長年「賃労働社会」を超える「時間解放社会」の実現を唱えているフランスの社会科学者である（「より少なく働き、よりよく生きる」）。しかしながら、ゴルツのベーシック・インカムに対する姿勢はやや複雑である。本書ではベーシック・インカムの積極的擁護者として紹介されているが、その立場を鮮明にしたのは一九九七年に出版した Gorz, A., *Misères du présent, Richesse du possoble*, Galilée, 1997（英訳、*Reclaiming Work, Beyond the Wage-Based Society*, Polity Press, 1999）からであり、それ以前は条件付で賛成していたにすぎない（「ベーシック・インカム保障＋大幅時短セット論」、前掲拙著、参照）。積極的擁護者に転じた理由は、非物質的な生産と自

己雇用の増大に伴い労働時間が労働の価値を計れなくなってきていること、ボランタリー活動への参加を条件としてベーシック・インカムを支給しようという議論（リフキンの「地域コミュニティ活動に対する社会賃金」論など）は本来自発的でなければならないボランティア活動への参加を強制するものであり無条件なベーシック・インカム支給こそ相応しいこと、知が主要な生産力になった経済には無条件なベーシック・インカムが最適であることなどである。なお、ゴルツのこの書物を巡っては『〈帝国〉』の著者アントニオ・ネグリの書評が『VOL』2号、以文社、二〇〇七年に翻訳されて掲載されているが、「左派」ネグリのゴルツ批判はマルクス理解とも関わって興味深い。

（注4）拙稿「これからの社会保障とベーシック・インカムの可能性」『経済科学通信』No.112、二〇〇六年十二月、pp. 31–36、参照。

（注5）ロバートソン『二十一世紀の経済システム展望』石見他訳、日本経済評論社、一九九九年（Robertson, J., *Transforming Economic Life; A Millennial Challenge*, Green Books for The Schumacher Society, 1998）。

（注6）本書に登場するシュトラウブハールも勤労所得税を財源としている。

（注7）前掲、拙著、終章参照。

（注8）成瀬龍夫「ベーシック・インカム構想とその可能性～小沢修司『福祉社会と社会保障改革―ベーシック・インカム構想の新地平』によせて」『賃金と社会保障』No. 1341、二〇〇三年三月上旬号、p. 53。

（注9）このセオボルトの書は一九六〇年代のアメリカにおいてベーシック・インカムがどのよう

に議論されていたかを知るうえできわめて貴重なものである。図書館などで見つけることができればぜひ読んでいただきたい。

参考文献およびリンク

ベーシック・インカム関連のウェブサイト

www.unternimm-die-zukunft.de
www.freiheitstattvollbeschaeftigung de
www.archiv-grundeinkommen.de
www.netzwerk-grundeinkommen.de
www.initiative-grundeinkommen.ch
www.grundeinkommen2005.org
www.grundeinkommen.at
www.grundeinkommen.info
www.capabilityapproach.org
www.grundeinkommen.tv

ベーシック・インカムの基本文献

Kai Ehlers: *Grundeinkommen für alle. Sprungbrett in eine integrierte Gesellschaft*, Dornach, 2006.
Manfred Füllsack: *Leben ohne zu arbeiten? Zur Sozialtheorie des Grundeinkommens*, Berlin 2002.
Adrienne Göhler: *Verflüssigungen. Wege und Umwege von Sozialstaat zur Kulturgesellschaft*, Frankfurt/M. 2006.
Michael Opielka, Georg Vobruba: *Das garantierte Grundeinkommen*, Frankfurt/M. 1996.

Yannick Vanderborght, Philippe van Parijs: *Ein Grundeinkommen für alle? Geschichte und Zukunft eines radikalen Vorschlags*, Frankfurt/M. 2005.

Georg Vobruba: *Entkoppelung von Arbeit und Einkommen. Das Grundeinkommen in der Arbeitsgesellschaft*, Wiesbaden 2006.

訳者あとがき

私が「ベーシック・インカム」（本原著では Grundeinkommen あるいは Bürgergeld と呼ばれている）のことを聞き及んで関心を持ったのは二〇〇六年の初め頃で、日本ではワーキングプアとか格差社会といった言葉がすでに日常化していた時期に当たる。当時はドイツ語圏でも、ベーシック・インカムに関する本は研究者によって書かれた理論的なものがほとんどで、それらは一般向きとはいえなかったから、ヴェルナー氏の本書の刊行を心待ちにしていた。

本書はインタビューが中心になっており、かなり重複している部分もあるが、それゆえ読みやすいことが最大の利点と思われる。しかしそれでも、本書を歴史的に位置づけることが必要ではないかと考えて、これを小沢修司氏にお願い申し上げたところ、氏は「解題」の執筆を快諾してくださった。小沢氏に依頼したのは、氏が『福祉社会と社会保障改革――ベーシック・インカム構想の新地平』のなかで日本におけるベーシック・インカムの実現可能性について試算して見せてくれていたからである。

いまこうして小沢氏からすばらしい「解題」を頂戴した以上、訳者が付け加えるべきことはもはやないのだが、本書の原著が出版されてから一年以上経過した当地の状況を簡単に報告させていただく。

ドイツ語圏にかぎっていえば、「ベーシック・インカム」はますます頻繁に公的な議論の場に登場するようになっている。たとえば、去る四月に放送されたZDF（ドイツの公共放送）の討論番組には本書の著者ヴェルナー氏も出演して、自説を述べている。さらに、二〇〇七年一月以降一〇月現在にいたるまでに、「ベーシック・インカム」をテーマとする本がじつに十四冊も刊行されている。これは驚くべき現象といってよいだろう。

本書を一読すれば明らかなように、ヴェルナー氏らの主張はきわめてシンプルで明確である。すなわちその核心は、労働と収入の分離にある。ヴェルナー氏の言を借りれば、「人間は生きるために収入が必要であり、われわれの社会はメンバー全員にしかるべき額の無条件の所得保障をすることができる。そのうえで、各人は自由に自分の好む活動を展開すればよい」ということになる。だが、当地のメディアにおける議論を聞いていると、奇妙なことに気づく。社会民主主義者あるいは左派に属する政治家はおおむね拒絶反応を示す傾向が強いことである（本書中で言及されているペーター・グロッツは例外的といってよい)。反対論者の頭のなかには、資本主義の歴史過程で内面化された「収入は労働によってのみ得られるもの」という固定観念が染みついているようにみえる。一方、自由主義を標榜する市場推進論者はほぼ例外なくベーシック・インカム導入に賛成する。市場経済にとって好都合だからである。

ベーシック・インカムに対してそもそも政治イデオロギーをもって応じること自体に無理があるというべきだろう。「解題」のなかで小沢氏は、「ベーシック・インカムの導入は目指すべき到達目標とはなりえない。ベーシック・インカムの導入は二十一世紀の今日段階において不可避な『人間の生活を支える公共政策』の所得保障版なのであって、ベーシック・インカム導入後も資本と労働の対抗関係は続く、しかしながら『より人間的に』繰り広げられることになるのである」と述べておられるが、私もこれに同意する。ベーシック・インカムそのものが最終的な到達目標なのではなく、これを基盤にして新しい社会が希求されるべきであろう。そう考えれば、ベーシック・インカムからイデオロギーを排除することが可能になる。

本書の主著者はヴェルナー氏であるが、本書全体は複数の書き手からなっており、それぞれの主張は必ずしも完全に一致してはいない。財源に関しても、本書に登場する論者の大部分が消費課税の推進者であるが、シュトラウプハール氏だけは所得課税論者である。

これについてもむろん議論が必要になるであろうが、日本ではそれ以前に、ベーシック・インカムについての議論をまきおこすことが先決かもしれない。管見では、「ベーシック・インカム」という言葉自体が日本ではまだ研究者間にとどまっていて、一般的にはまだほとんど知られていないように思われるからである。本書が議論のきっかけになれば、訳者としてこれほど喜ばしいことはない。

最後に改めて、「解題」を執筆してくださった小沢修司氏に感謝申し上げる。「解題」がなければ、本書のベーシック・インカム構想そのものがかなり限定された形でしか読者に伝わらなかったであろう。また、本書の重要性をただちに認めてくださった現代書館、特に編集部の吉田秀登氏に厚くお礼を申し上げる。そのうえさらに、小沢氏は不適切な訳語に関して訳者の注意を喚起してくださったし、吉田氏からは拙訳の日本語表現に関して多くの有益な助言をいただいた。併せて厚く感謝申し上げる次第である。

二〇〇七年一〇月、クレムス（オーストリア）にて

渡辺一男

【著者略歴】

ゲッツ・W・ヴェルナー（Götz W. Werner）

1944 年、ハイデルベルク生まれ。中等教育を終了後、コンスタンツでドラッグストアの店員見習いになる。2006 年現在、ドラッグストア・チェーン「デーエム」は全ヨーロッパで約 1500 の店舗と 21000 人の従業員を擁し、年間売り上げは 31 億ユーロに上る。「デーエム」の経営に当たるかたわら、2003 年以降カールスルーエ工科大学の「起業家精神養成のための学部横断研究所」の教授職に就いている。

【訳者略歴】

渡辺一男（わたなべ　かずお）

1946 年、神奈川県小田原市生まれ。東京都立大学大学院博士課程中退（ドイツ文学専攻）。著書：『オーストリア日記』（現代書館、2004 年）。訳書：『ヒトラーをめぐる女たち』（TBS ブリタニカ、2002 年）、『なぜそんなに痩せたいの？——「美人」になりたい女の社会心理学』（TBS ブリタニカ、2003 年）、『独裁者の妻たち』（阪急コミニュケーションズ、2003 年）、『私物化される世界——誰がわれわれを支配しているのか』（阪急コミニュケーションズ、2004 年）、『資本主義黒書』（上・下）（新曜社、2007 年）、『すべての人にベーシック・インカムを』（現代書館、2009 年）。

【解題者】

小沢修司（おざわ　しゅうじ）

1952 年、大阪に生まれる。1982 年京都大学大学院経済学研究科博士後期課程学修退学。京都府立大学福祉社会学部教授。2007 年、同、福祉社会学部長、現在に至る。専攻：生活経済学、福祉社会論。主書：『家族の経済学』（青木書店、1985 年、共編著）、『福祉改革と福祉補助金』（ミネルヴァ書房、1989 年、共著）、『経済がみえる 元気がみえる』（法律文化社、1992 年）、『家族は進化するか——福祉社会 日本の条件』（法律文化社、1995 年、共編著）、『生活経済学——経済学の人間的再生へ向けて——』（文理閣、2000 年）、『福祉社会と社会保障改革——ベーシック・インカム構想の新地平——』（高菅出版、2002 年）。

ベーシック・インカム——基本所得のある社会へ

2007 年 11 月 20 日　第 1 版第 1 刷発行
2009 年　3 月 31 日　第 1 版第 2 刷発行

著　者　ゲッツ・W・ヴェルナー
訳　者　©渡辺一男
発行者　菊地泰博
組　版　コムツー
印　刷　平河工業社（本文）
　　　　東光印刷所（カバー）
製　本　矢嶋製本

発行所　株式会社現代書館
〒102-0072　東京都千代田区飯田橋3－2－5
電　話 03（3221）1321　振替00120－3－83725
FAX 03（3262）5906　http://www.gendaishokan.co.jp/

校正協力・東京出版サービスセンター

活字で利用できない方のための
テキストデータ請求券
『ベーシック・インカム』